Геннадий КАЦОВ

25 ЛЕТ С ПРАВОМ ПЕРЕПИСКИ

Москва
«ВЕСТ-КОНСАЛТИНГ»
2014

Геннадий КАЦОВ

25 ЛЕТ С ПРАВОМ ПЕРЕПИСКИ. Сборник стихов. Москва, Вест-Консалтинг, 2014— 220 с.

ISBN 978-5-91865-323-4

«25 лет с правом переписки» – сборник стихов, написанных в течение 30 лет, двадцать пять из которых автор живет в Америке. Стихи, входящие в данный сборник, дают представление о разных периодах творчества Геннадия Кацова. В них ставятся вопросы о сущности мышления и бытия, назначении человека, о судьбах восточной и западно-европейской метафизик, об особых знаках американской действительности и многом другом.

Для оформления обложки свою работу из цикла "365" предоставили художники Ася Додина и Слава Полищук.

© Г.Н Кацов, 2014
© KRiK Enterprises Inc.,компьютерная верстка, оригинал - макет, 2014
© Вест-Консалтинг, 2014

От автора

25 лет назад, в предпоследний день января 1989 года, я покинул свою московскую квартиру (у метро «Речной вокзал») и 12 мая того же года приземлился в аэропорту имени Джона Кеннеди. С первой датой завершился московский период моей жизни, со второй – начался нью-йоркский. Затем я жил на Манхэттене, недалеко от железнодорожного вокзала «Пеннсильвания», а в 2008 году переехал в Нью-Джерси, поселившись напротив, практически, автовокзала, если смотреть через реку Гудзон.

В этом сборнике есть четыре раздела, четыре отправных пункта, как для любого, в общем-то, странника, для кого охота к перемене мест пуще неволи:

- *Автовокзал*, со стихами, написанными за последние годы, из сборников «Словосфера» (2013), «Меж потолком и полом» (2013), «365 дней вокруг Солнца» (2014).

- *Железнодорожный вокзал*, забитый по самые камеры хранения журналистскими статьями и эссе при практически полном, за 18 лет (1994 – 2011), отсутствии стихов и прозы

- *Аэропорт*, с текстами, написанными в первые четыре года моей иммиграции, из сборников «Игры мимики и жеста» (1994), «Притяжение Дзэн» (1999).

- *Речной вокзал*, куда входят некоторые поэтические тексты времён легендарного московского клуба «Поэзия» и моего участия в андерграундной литературной группе «Эпсилон Салон» (в основном, писал в те годы прозу), из сборника «Юношеские экзерсисы» (2014) и «Притяжение Дзэн» (1999).

В 2014 году исполнилось ровно четверть века моих странствий по Западному полушарию. С теми, кого помню по Восточному, продолжаю переписываться.

Искренне ваш,
Геннадий Кацов

*По мостовой
моей души изъезженной
шаги помешанных
вьют жестких фраз пяты...*

В.В. Маяковский

АВТОВОКЗАЛ
2011 – 2014

Сентябрьский импрессионизм

Одинокий прохожий, зависнув в аккордах дождя,
В осторожных синкопах на самую слабую долю –
Он уже растворился, и в струях цветных, погодя,
Без себя оставаться навеки пейзажу позволил.

Сам пейзаж исчезает, как в нём только что человек,
Начиная с фасадов домов, завершая асфальтом –
Их уже не вернуть и они пропадают навек,
И, возможно, их кто-то учтёт в отрицательном сальдо.

Этот главный бухгалтер невидим, идёт без плаща
По размокшей брусчатке и долго выходит на площадь,
Где над ним выгибается молния, словно праща,
И под ним повторяется небо, поменьше и площе.

Остаётся, как в стёклах очков, отражаемость луж,
Словно снизу, где рама закончилась, в нескольких метрах
Невошедшие в эту картину соцветия душ
Смотрят вверх, неморгая, и вечность слезятся от ветра.

Осень. Начало

Одиноко небо. Узнаёшь о его поре
По стаям парящих птиц:
Клин летит, расширяясь, как ножевой порез,
Как брошенное «прости».

Неизменна вода. Вытекая из всех щелей,
Она не обманет слух:
Чем поток неизбежней, тем в нём целей
Чей-то бродяжий дух.

Бесконечна зелень: послав в сентябре гонца,
Уйдёт в другие края, –
Так слеза, в зависимости от черт лица,
У каждого своя.

Впереди огонь: уже зажжённые луг,
Роща сведут с ума,
А затем по первому льду заскользит каблук,
Что означает – зима.

* * *

После памяти, после оставленных тел и потерянных дат,
После стольких надежд и обид, после взлётов и стольких падений,
Наши души бескровные просто в холодную тьму улетят,
Словно не было наших случайностей и совпадений.

Им, возможно, не так далеко и лететь – не оглядываясь,
Как бы помня судьбу безымянной супруги сбежавшего Лота,
Души стол навсегда покидают, что полон гостей, да и яств,
Забывая о том, что безумно любили когда-то кого-то.

Им теперь и легко, и свободно вне тела и прочих забот,
Будто не было нас никогда не по прежнему адресу, не по
Тем словам, что, как мы представляли, услышать способен был Бог, –
Что звучит, после стольких покинутых душ, по-земному нелепо.

После смерти не нужно вставать по будильнику, не суетясь
Можно долго заваривать чай, пока крепким и твёрдым не станет,
Громко ложкой о стенки стакана стучать, – и столетья спустя
В доме в полночь проснутся, привычно подумав, что стукнули ставни.

* * *

Возможно, всякий жест мой, слово, шаг
Ты, мёртвая, за мною наблюдая
Из тех, сейчас непредставимых далей,
Куда давно ушла твоя душа, –
Ты видишь. И сейчас, возможно, вслух,
Как в детстве за младенцем мама в голос,
Ты повторяешь – и весь ряд глаголов
(плюс «пропоёшь»), составленный из двух,
Способен описать как ты сама,
Там, где душа твоя, – за буквой букву,
Как будто за спиной стоишь, как будто
Жива, чтоб сыну не сойти с ума.

Ты и хотела бы подать мне знак,
Возможно, но в какое время ночи
Я мог бы отгадать твоё: «Сыночек», –
Среди каких предметов распознать?
Оставленные на земле, глухи:
Полдневный шопот – только шорох листьев,
Осенний ветер не навеет мыслей
И не помогут памяти стихи.
Ты там, где ни болезней, ни морщин,
Где вместо эха – звёзды многоточий,
Но там произнесённое «сыночек»
Здесь не услышит постаревший сын.

На горе Арарат

Песок забил оконной рамы
Пространство, закрывая свет:
Нет больше Милы, нет и мамы
Уже почти что девять лет.

Беспечно Саша съела сушку –
Теперь шоссе, за далью даль,
Всей силой плоскости несущей
Умножит голод и печаль.

Израненный когда-то раком,
Лишённый этим детства, впредь
В грядущем, что покрыто мраком,
Стремится Грека умереть.

Да, и у Клары с новым Карлом
Всё наперекосяк и врозь,
Как будто ей мешает карма,
Чтоб всё хорошее сбылось.

Судьба с котомкой за плечами
Стоит и пялится в окно:
Мир безысходен – отмечали
Ещё до нас давным-давно.

В потресканных стеклянных башнях,
Похоже, не живёт никто,
И, проклиная день вчерашний,
Не вспомнит конь, где снял пальто.

А на дворе трава всё та же,
Всё те же на траве дрова...
Не скороговорим, и даже
С собой мы говорим едва.

Витрина

Нет, ничего не осталось от звона
Чашки с тарелкой в кафе угловом,
Шумной «тойоты», проехавшей вон
В том направлении. Слева с балкона
Мыльный пузырь, умножаем на сто,
Падает в синюю бездну и кто-то
Это заметил: студент с бутербодом
В худи холщовом, мужчина в пальто,
Женщина вдоль тротуара с бульдогом,
Что, задирая глаза в высоту,
Дальше идет, наблюдая как в ту
Бездну пузырь улетает. Недолго.

Мимо, зевая, прошел пожилой
Черный священник и скрылся за дверью
Чьей-то прихожей – при ней в виде зверя
Лев, что изваян почти, как живой.
Собственно, лев со вчера и остался
Блекнуть в витрине, но больше из тех
Нет никого, кто бродил в виде тел,
Кто так активно вчера отражался.
Нету летящего вверх пузыря,
Странного шарика, что разукрасил
Несколько сразу фасадов – напрасен
Был этот праздник и, в общем-то, зря.

В лавке по-прежнему пыльно и тесно:
Медь, гобелены, случайный корсет,
Греческой вазы известный сюжет
С чёрной царапиной вместо Гермеса.

Галатея

Как приятно обнять тебя сзади, прекрасная дама,
Твои гладкие груди прохладны, и белые плечи –
Обработанный мрамор, что кажется более вечен,
Если «более» употребимо в сравнении данном.

От сомнительной пары, от робости двух одиночеств
Если чувства рождаются – больше над ними ты властна,
Чем живая натура: ни слова, ни взгляда, ни ласки
От тебя не дождаться. Свидание близится к ночи,

Но по-прежнему ты неподвижна, и комната, где я
Постигаю безумие, жаждет вместить твое тело,
Стоит только однажды вздохнуть, если б ты захотела,
Или если бы я за тебя это смог, Галатея.

Здесь религия то, что искусством обычно считают,
И твой мускусный запах подмышек – в желании, данном
Словно с пляжей футбольных неведомой Копакабаны,
Словно с первых пассажей «Каприса», что в вечности тают.

Встреча в грядущем

Сквозь мельтешение в воздухе, шорох его возни,
Что в сентябре окружает, как Архимеда ванна,

Передо мной не медленно и целиком возник
Из яви и сна, то есть по направлению к Свану
Бредущий, некто. Уже по зимнему одетый в пальто,
В котелке и с тростью, подобно рантье из небес Магритта,
Он вышел на солнце, вспотел, и по щекам поток
Стекал за влажный ворот, но некто не подавал вида.

Ты помнишь, когда-то и я, потеряв счёт временам
Года, выпал на жаркую улицу в полдень осенний
В теплом и черном, и кто-то смотрел из глубин на
Меня, не вспомнив, не веря в возможности превращений.
Но это нельзя представить сейчас, как какой-то знак
Из будущего либо прошлого – только надежда: растает
В воздухе некто, правда, в дальнейшем бессмертен и наг,
Он возвратится сюда и навеки возьмёт в свою стаю.

Незеркальные отражения

Миг избыточен злобой и мутью,
Если взять заголовки газет, –
Накупавшись в полночной грозе,
Куст стоит по утру *перламутен*.

День и ночь новостной антураж
Пахнет порохом, трупами, кровью, –
Солнце охру просыпало в кровли
Городка и в окрестный пейзаж.

Чей-то сын был расстрелян в затылок,
На рассвете казнён чей-то внук, –
Цвет собой поглощая и звук,
Над рекой робко дымка застыла.

Над водой протекающий путь
Повторяет до мелкой детали
Чьи-то мысли, что временем стали,
И что станут ещё чем-нибудь.

Чей-то лес углубляется в степи,
Продолжается тысячи лет,
Как врастает мерцанье комет
В чью-то невероятную темень.

Но как чучело, чей неживой
Абрис ночью пространство стращает,
Род людской сам себя замещает
Всей историей варварских войн.

* * *

а если я – чья-то мгновенная мысль
наяву ли во сне
и пока меня мыслят – я существую
и кто-то вовсе не думая обо мне
именно так представляет
мою жизнь – и живу я
от подлежащего к сказуемому
добавляя каждые сутки
если не часть то частицу
предложения
хотя это только кажется
ведь я и есть эти частицы
как ветки и есть части ствола
как последняя
Я

и есть первая
А
только смятая, потерявшая
былую форму
в долгой дороге
от первой до последней
станции алфавита
и кто-то смотрит в окно
на убегающую местность
о которой не знает ничего
которая так же к нему
безразлична
и мыслит о ней сонно
лениво
безответственно
и – это больше всего
раздражает –
мне никогда не понять
как же так посторонний
случайный пейзаж
в потерянном времени
безымянного ж/д перегона
может стать моей
единственной
и неповторимой
мгновенной судьбой

Конец июля

Памяти Бел Кауфман

В июльский полдень под раскрытый зонт
Приходят тени, неизвестно ради

Чего объединяя горизонт
Легко с любым предметом на веранде.

Они садятся, и вокруг стола
Их разговор никто не обнаружит,
Пока разогревает добела
Жара всё то, что замерло снаружи.

Им ожидать до вечера, когда
Закат их разведёт по всей округе,
Как кольцами на срезе по годам,
Поближе к ночи утопив друг в друге.

И утро не наступит погодя,
И тихо тень от тени будет падать
Сквозь сон с многоголосием дождя,
Затем – с одноголосьем снегопада.

Спасение дирижабля почти 80 лет спустя

У соседей участок за домом заполнен бельём,
Что висит на верёвках в субботу – и так экономят
Электричество: нет, чтобы в сушку трусы (ё-моё!)
С простынями и майкой, на коей 12-тый номер.

Среди прочих предметов белья и носильных вещей,
Были шесть полотенец в известной тропической теме,
Где на фоне лиан, обезьян и вальяжных хвощей
Морда тигра цвела, как на клумбе чудное растенье.

Был на всех полотенцах рассвет и под охрой салат
Сочной сельвы хрустел, и по ветке спускалась Багира,

Отражаясь в реке, вдоль которой по сотне карат
Проплывали алмазы, поскольку и муза, и лира

Так напели художнику. Манго с папайей, лонган,
Тамаринд с дурианом свисали то слева, то справа,
И орали вовсю попугаи, и сквозь этот гам
Излучалась с картины безудержно синяя прана.

Было лето: тропический пар испарялся с утра,
Уплывая за пальмы, за лесопосадку бамбука,
И стелился ковром из цветов и невиданных трав,
Как к прибытью гостей, что порог преступают и звука,

Вероятно, и света. Как ангелы веря в маршрут,
Вместо крыльев собрав за спиной затаённое пламя,
Они в сторону Юга, в Лейкхёрст, над Нью-Джерси плывут,
Столько лет наблюдая из лопнувших окон за нами.

Им бы мягкой поляны с магической таккой, с чредой
Афеландр да глоксиний, что сразу притянут вниманье
Экипажа – ему б на посадку пойти, ведь бедой
Два часа погодя «Гинденбург» из Лейкхёрста поманят.

История, рассказанная утром

Жаркий день. Нос паскудно забит –
Аллергия. На улице август.
Где б нашёлся какой-нибудь Авгий,
Кто прочистил бы мой алфавит?

Я ловлю на Седьмой авеню
Городское такси. Словно гири

В голове – я в своей аллергии
Никого никогда не виню.

Пожилой безразличный индус,
Как и должно Харону, свой счётчик
Без вопросов включает, и чётной
Мне везёт оказаться из душ.

Я теперь объсняю маршрут,
Говорю всё подробно, логично,
Иногда, что совсем неприлично,
Подтверждаю движением рук.

*"Вод, в начале по улице вдоль
Авеню, пядь квардалов налево,
У меня есдь болгарские левы,
Вся Европа – земная юдоль.*

*А как долько налево, вперёд
До ближайшей апдеки, у входа
С мини-сдадуей нашей Свободы.
Что нас к капидализму ведёд.*

*За апдекой направо и вниз,
В Даун-даун, в район Уолл-Стрида,
Дам сдоид жесдяное корыдо,
В нём купаюд Америку-мисс.*

*Дальше – Бруклинский мосд, и на нём
Дрёхполосное будед движенье,
Дальше надо принядь нам решенье:
Мы поедем иль пёхом пойдём?*

*Или просдо вдвоём поледим?
Как ды хочешь?"* – спросила индуса.
Он и пеплом посыпав, и дустом
Свою кипу, был непобедим.

Шестирукий, он дёргал свой ус,
А затем бормотал, не смолкая,
И я знала, уже засыпая, –
Это сон, и мне снится индус,

А ему снится город… Вокруг
Полночь в спальном районе Нью-Джерси:
В римской дюжине – две тонких жерди
Циферблат свой вращают, как круг.

Фантомы

В том месте, где в окно сейчас пролез
Соседский дом со всем кварталом с краю,
Как-будто должен находиться лес –
И я не знаю, как я это знаю.

Порывом ветра унесённый сад
С его теперь незримыми плодами
На виде справа много лет назад, –
Сейчас пустырь; закрытое годами

Само окно, привычный переплёт
В другие дни высокой был стеною,
А за столом сидел в гостиной тот,
Похоже, никогда не ставший мною.

Бумага стопкой, рядом – писчий лист
(В другие времена, читай, остракон),
В зеркальных плоскостях каких-то лиц
Черты не распознать под смертным страхом –

Теперь часы на этом месте бьют,
Чужая, как и память, на закате
Ложится тень: обыденный уют,
В дверном проёме виден край кровати,

В углу висит неброский натюрморт
С забытыми прозрачными вещами...
И им не возвращали тех, кто мёртв.
И слава богу, что не возвращали.

Терцеты

Ещё не сорвавшийся лист
Ещё не родившийся Лист
Ещё не исписанный лист

Как древний забытый язык
Как с белым налётом язык
Как схваченный ночью язык

Хотя заструившийся ключ
Хотя баритоновый ключ
Хотя провернувшийся ключ

Поскольку рычаг а не блок
Поскольку не пачка а блок
Поскольку не блог а А.Блок

И корень где префикс и су-
Fix с корнем квадратным в лесу
Над корнем чей лист пьёт росу

* * *

У каждого свой маятник внутри,
Свой океан, грохочущий по жести
Внутри души, что бесконечна при
Всех формах тела. Иногда с ним вместе.

Молитвой пенясь, порождая про-
Тоязыки приливов и отливов,
Волна не успевает ни добро,
Ни зло нести своим императивом.

И выпав с пеной далеко вперёд,
Ослепнув в брызгах на бескрайней суше,
Не представляют души, как найдёт
Их кто-то в виде гальки и ракушек.

В настроении урагана

Он вечно здесь, последний миг,
И робок шаг к нему последний,
И ты, прошедших дней наследник,
Не вспомнишь, как в него проник.

Так исчезает с глаз долой,
В грядущем растворяясь синем,
Тот, кто ни дочерью, ни сыном,
Ни просто прахом иль золой

Не будет призван, и теперь
Пространство, разбегаясь ртутью,
Чей каждый шарик поминутен, -
Брешь из явившихся потерь.

Хотя, последнее клише –
Фигура в трикотажном худи,
Как страх, которого не будет.
Как камень с облаком в душе.

Ночная птица

В моем саду июньскими ночами,
Без отдыха, все ночи напролёт
Не без надежды и не без печали
О чём-то птица в тишине поёт.

Она выводит искренне рулады
Самозабвенным соло, и процесс,
С которым нету никакого сладу,
Всем спать ночами не даёт окрест.

Едва рассвет наступит – замолкает,
И в птичий гомон, в неумолчный хор
Ночная одиночка не вступает
То ли с устатку, то ли всем в укор.

Её никто, похоже, не неволит,
Полубезумную, не есть, не спать,
И, словно воин одинокий в поле,
Со всей округой песней воевать.

Она не хочет и не может тише,
Поскольку только в истовой ночи
Зовущий голос будет *там* услышан,
Покуда хор безропотно молчит.

День Отца: Ветхий Завет

Послесловие – Слово-итог, как огромный глоток тишины,
Непременно наступит и тени платоновской мрачной пещеры,
Обернувшись в объём и в прозрачную плоть, отойдут от стены
И вернутся в День Первый, где слово пропахло страданьем и серой.
Там наличие медленных пауз, их гладкий бескрайний поток
Из тягучих молчаний и пены – одно первородное пиво,
Что ничем не заполнено, только теченье, а главное – срок
Окончания всех испытаний не знает, как праведный Иов.
Бесконечная масса тоски в виде круговращения мглы
Без объекта любви, ибо случая нет, ибо нету печали –
Полнота невозвратности явится (кольца, прямые, углы)
После Первого Слова, а значит мы снова в местах изначальных.

Ecce Homo

Человек есть владение смерти,
Территория «что? где? когда?»
С лаконичным ответом в конверте
В виде двух, в чём-то родственных, дат.

Между ними, под знаком дефиса,
В хищно сплющенном мире часов,
Подчиняясь чьему-то капризу,
Человек пьет то виски, то сок,

То в грязи, то в князьях, то на троне
В окруженьи друзей и врагов,
То закажет себе с пепперони
Пищу римских всеядных богов.

И прозрение сразу наступит:
Как ристалище чисел и слов,
Он явился геройским поступком
Безымянных, по сути, основ,

А затем, как рассказчик про Бога,
Алкогоре его, алгоритм, –
В меру сил, осторожно, убого
И бездарно о Нём говорит.

Ибо лучше рассказчика нет

Alter Ego

Он собрал массу разных вещей и фактов:
Мишку с ухом оборванным, Буратино
Без обеих ног, как пример – *как* фатум
Для судьбы есть и следствие, и причина.

Из того же времени тусклый мячик,
Размалёванных им же с десяток книжек –
Всё, что позже уже ничего не значит,
Как и всё то, что значиться будет ниже:

Новогоднего шара забытый сполох,
«Филиппок» из учебника, парта, клякса
Из чернильницы, туго набитый порох
В револьверный патрон, фотография класса.

Поцелуй в коридоре, а дальше поле,
Дальше длинное поле с густой травою,
Где не ветер, не волк, а бедой поболе
Что-то невыносимо протяжно воет.

Что-то переставляет года и даты,
Что-то движет, как в шторм катера и яхты,
И стоит капитан, как к рулю придаток,
Выражаясь, для русского уха, ямбом.

Сплошь по небу круги, как на свежем срезе
Одинокого дерева, что всей кроной
Упирается в землю и долго грезит,
Будто будет когда-то ещё зелёным.

И «не-я», как под вечер овечек пастырь,
Соберёт наше прошлое, что так схоже
С возвращением в тюбик засохшей пасты,
Что никто никогда повторить не сможет.

Лунная дорожка

Луна всходила медленно и плавно,
Собою освещая камыши,
Кустарники, осоки – всё, что в плавнях
Есть признаки присутствия души,
Есть знаки одиночества в тиши.

От берега до берега свеченье
Покрыло дельту сумрачной реки
И чешую ребристого теченья,

Что оставляют на ночь рыбаки,
Что сбрасывает в полночь рыба-кит.

Скрипя надрывно пустотой уключин,
Электризуя поле чёрных волн
Двумя бортами, лоции обучен
Плывёт невесть куда забытый челн,
Плывёт, в своё молчанье заключен.

И эхо, отражаясь бледной гладью
В зрачках никем невиданных зверей,
В зодиакальном их немом укладе,
Себя забыть стремится поскорей,
Себя забыть, как обувь у дверей.

Здесь места нет летам и человеку,
Здесь взгляд не видит средь небесных тел,
Как лодка горстью зачерпнула реку,
Чтоб лодочник напиться захотел,
Чтоб свет в ней раствориться не успел.

О разлуке

Чем дольше врозь, тем больше перемен,
Тем толще пыль, прямее кипарисы,
И масса зин (ничуть не меньше, лен)
Толкутся ныне в прошлом, да и присно.

Скорей всего, не вспомнит на бегу
Волна и вместе с нею берег пенный
Ни мальчика, который в курагу
Влюблялся, словно жертва Мельпомены,

Ни юношу в далёком Судаке,
Плывущего серебряной дорожкой
Под мраморной и вечно вдалеке
Разбросанной по верху мелкой крошкой.

Ни пары, что снимала в гараже
Под Ялтой ровно три квадратных метра –
И это было раем, и уже
Изгнанием их, судя по приметам.

Теперь иначе. Даже имена:
«Игла» – ПЗРК, и комплекс «Тополь»,
«Шмель» – огнемёт, и «Хризантемы» на
Всех трассах, что ведут на Севастополь.

И ты другой. Будь шведский ротозей,
Кондитер из Парижа, римский пастор,
Ты б, вероятно, здесь нашёл друзей,
В дальнейшем возвращаясь, но не часто.

А так, что скажешь? Лучше потерять,
Чем приближаться к этой зоне риска,
Где БэТээРы выстроились в ряд,
И униформа цвета кипариса.

Нефть

Сверху взгляд на дневное шоссе наблюдает движение тел,
Уходящее вдаль в обе стороны множество маленьких точек,
Словно из муравьёв, у которых по горло задуманных дел,
К муравейнику и от него пролегает с десяток цепочек.

Как из скважины рвётся наружу чудовищной силы поток –
В чёрном, масляном виде реликтовых фауны с флорой останков,
Так же и муравейник по плану вершит ежедневный потоп,
В чём ему подражает в порту до отказа заправленный танкер.

И ударившись оземь, густая энергия тёмной волны
Распадётся на чёрные сгустки, что сразу же по автострадам,
Отвердев, муравьями помчатся. Лишь сверху и со стороны
Это птичьим увидеть и тем, что над ней открывается, взглядом.

Время

Время всегда покидает, как лекарь – больного раком,
Чей скепсис понятен, поскольку остались две-три метастазы,
Как взгляд под уже опадающим веком, меняя свой ракус,
Уходит в последнее слово, возможно, не сказанной фразы,
Как тяжесть на сердце и масса похожих по смыслу метафор
По поводу встреч и разлук, беспокойств, постоянных мигреней
Твердеет и камнем становится с лучшей из всех эпитафий,
Что выбита в нём и при прикосновении пальцы согреет,
Как резвый младенец, что сразу взрослея, себя же оставит
В забытых на разных квартирах игрушках и прочих предметах,
Как тот анекдот, что рассказанный дважды не только состарит
Себя, но и всех окружающих. Собственно, речь ведь об этом.

* * *

Мысль о любой вещи всегда её задевает:
Стул начинает поскрипывать, пропадает тапок,
В зеркале появляется физия полуживая,
Словно прошедшая через застенки гестапо,
Гитара вздохнёт басовой струной, ветер

Качнёт на стене картину, разожжёт сигарету,
Хотя тридцать лет не курю, и в призрачном свете
Кто-то войдёт в прихожую с того света
И, сбросив обувь, крикнет на кухню: «Мама!
Я пришёл!» – а там старые стулья, тарелки, блюдца,
Вода в смесителе, беседа мало-помалу, -
Сразу при мысли о них, словно проснутся,
Телевизор осветит кусок полосатых обоев,
И куда-то ведёт эта дверь, сразу не вспомню?
Мысль, похоже, замирает, встречаясь с болью,
И, ударяясь о прошедшее, впадает в кому.

Трагедия

Люди сегодня падали замертво. И слышался хруст стекла.
Вдоль половиц протекала струйка и становилась уже.
Трупам под вечер везло, поскольку они не совсем до тла
Обгорали. И дым выносил сквозняк сквозь провалы окон наружу.

Не было больше ни драк, ни воплей, ни выстрелов – пустота
Охватывала комнаты, коридоры, пустошь за городом, души,
И, казалось, всё можно с утра начать, отхаркавшись, с листа
Белого-белого, как цветы у майских яблони или груши.

Только где-то там над нами, высоко, словно вдали от глаз,
Чужая слеза стекала по застеклённому влажному небу
И оно становилось окном, и кто-то оттуда смотрел на нас,
Встречая навеки стаканом с водкой да белой солью с хлебом.

Теодицея

Здесь – выстругав леса, здесь небеса
И озеро соединив друг с другом,

Ты, любопытно, понимал ли сам,
Что запустил существовать по кругу?

Давая имя камню и воде,
Их нереидам, пифиям и прочим,
Ты был тогда единственным, кто «где»,
«Когда» и «что» задумал с многоточьем.

И всё связав в пленительный мотив,
Застроив по подобию и воле,
Ты, неужели, был готов простить
Все тех, кто миру нёс страданья с болью?

Злодеев, кто подпитывает зло –
Тогда, в те первые часы творенья,
Простил?
Как жаль, что нам не повезло
И только в роли жертвы Бог наш – гений.

Теодицея II

Ты сказал: «Завершая картину мира,
Я хотел бы поднять этот тост за дружбу!
Чтобы благоухала повсюду мирра!»
Мы подняли за это с десяток кружек.

Ты сказал: «Чтоб поставить сегодня точку,
Я хочу о единстве замолвить слово,
О любви и о братстве!» Без проволочки
Мы подняли с десяток кружек по-новой.

Ты сказал: «С наступающим днем воскресным!
Я хотел бы в конце, завершая речи,

Пожелать, чтобы жить было интересно!»
Мы подняли с десяток кружек навстречу.

И к утру разойдясь, и снимая латы
В виде крыльев, как их представляют люди,
Каждый сам себе знал: «Всё, что он, поддатый,
Накануне нес – и к утру забудет».

Последний апрельский мерзкий дождь

Утро. Дождь с утра. По волнистой крыше
Разбросал круги властелин колец.
В матовом окне облетает вишен
Цвет, и с яблонь дым отлетел вконец.

Всё с утра нутро, как бы, вечной рыбы:
По желудку сок ветром расплескав,
Полостью брюшной в жанре диатрибы
Завершил апрель свой последний сказ.

Под зонтом себя скрыв, бредёт Иона –
Третий день пути, впереди Фарсис,
И, глотая взвесь бледного планктона,
Болен, да продрог напрочь, до кости.

Вспухшего стекла отсыревший профиль:
Смутный Моби Дик улицей влеком,
Отражаясь в нём; и разбит на крохи,
Словно на мальков, город-водоём.

Настоящее время

От пчелиного меда к утру остаётся укус.
Мы себя не признаем, и если проснуться в ночи,
Будет сбоку уже догорать можжевеловый куст,
И слова исчезать на стене. Ты без них помолчи.

Входит девочка с кличкой Апрель, и холодной рукой
Тем, кто в доме тревожно не спит, закрывает глаза,
И слова повторяет с такой леденящей тоской,
Что застынут минуты, а значит помчатся назад.

К середине реки доберётся ли птица, и там
В середине теченья и водоворотов её
Продолжается речь, но звучит, как занудный диктант,
Как забытое счастье, как в будущем горе моё.

И печальная тройка несётся по гулкой степи:
Три драконьих главы с конской гривой, да заупокой
Колокольцы звенят, повторяя в ночи: «Ты стерпи!»,
И промчится сквозь сон город-сад, словно в яблоках конь.

Весенним утром

Всю зиму куб пространства заоконного,
Как глыба мрамора в прожилках веток,
Стоял недвижно, и черты покорного
Нёс на себе мерцающего света.

Был краток день. И застывал орнаментом,
В пейзаж внесённый мраморною кладкой,

Анфас магнолии, казалось, намертво,
Но ближе к марту, якобы, украдкой.

Там всё сместится: синевой огранена,
Однажды утром мраморная крошка
Вдруг оживёт, и куба неорганика
Украсит плоскость пыльного окошка.

Мир истуканов, по природе каменных,
Проснётся утром с судорожным стоном,
И сеть прожилок оживёт руками – в них
Ладонями раскроются бутоны.

Инвектива

Не нужно строить города на месте кладбищ:
В инфраструктурах, в их фундаментах и трубах
Застынет ужас, что всегда течёт из трупов,
Забъётся веры и безверья вечный кладезь.

Не нужно строить города на месте казней,
В местах укрытий, никогда – на поле боя,
Ведь не исполнится желание любое;
Что предстоит, ещё предстанет безобразней.

Не нужно строить города в период смуты
И в годы кризиса, разрухи, эпидемий:
Они фантомами возникнут из видений
Летучей мышью, в снах являвшейся кому-то.

И этот некто, кто когда-нибудь проснётся
Среди погостов, лобных мест, казарм, ристалищ,

Что есть везде и что грядущему достались, –
О городскую мостовую не споткнётся.

Букет

Недельной давности стоит букет
В настольной вазе; сколько ни меняй
Теперь ты воду, не вернётся цвет
К бутону. Он не смотрит на меня.

Стеблей сутулых, словно старичков,
Стоит толпа, согбенных их фигур
Уже не тронет время – и таков
Итог в финале. Равномерный гул,

Что после жизни заменяет речь
Всему живому, в комнате стоит:
Они склонились, словно уберечь
Всё на столе ещё им предстоит.

* * *

Что-то вроде густого плюща разделяет дневной этот сон,
В нём привычно темно изнутри, и светло непривычно снаружи;
Не вставая с дивана, проходишь сквозь дверь на февральский балкон,
Где тебя ни одна из вещей окружающих не обнаружит.

Оглянись. Хотя нет: ты, прозрачный двойник, ощущаешь, что там,
За стеклом, меж балконом и в спальне тобою оставленным спящим,
Возникает в мгновенном забвенье слепящая глаз пустота,
Что с тех пор существует в единственном времени – ненастоящем.

Пробудившись когда-нибудь, вспомнить (что сразу же значит, забыть)
Ничего ты не сможешь, и только в грядущем останется повод
Почему-то считать, что явиться во сне, наяву, то есть быть –
Это значит явиться совсем одиноким. И быть для другого.

Вечный диалог

Море. На каком языке оно говорит с тобой?
На языке вечных душ: они плещутся у берега,
Оставляют на песке странные свои имена
И если ты их видишь, ты уже говоришь с ними,
И если ты видишь море, не значит ли это,
Что ты сразу говоришь о нём с самим собой?
Раз оно не сообщает о том, чего уже нет,
Но только и навсегда о том, что было.

Мокрый февраль

Февральский мутный ливень за окном
Гудит с утра струной виолончельной,
И следуя за звуком по теченью
Ты покидаешь свой привычный дом,
Чем, зная, обернётся приключенье.

И будешь ты с дождём теперь вдвоём
Кататься с веток и казаться ветром,
Ныряя в лужу глубиной с полметра,
В холодный и бескрайний водоём,
Что к дальней туче подключён с рассвета.

Там звуков развлекается семья:
Родители басят и несмолкают,

Как водосток, что сверху протекает,
Резвятся дети (среди них и я),
Которых вглубь бассейна не пускают.

Босых подошв нелепые шлепки
По влагой захлебнувшейся дорожке,
И шумный всплеск, когда неосторожно
Бросают сверху друга дураки
И он летит к воде с ужасной рожей.

До горизонта льётся долгий день,
К себе прислушавшись, и выпадают ноты
Из туч, как из разорванных блокнотов,
И дальше каплями роняют тень,
Спускаясь после долгого полёта.

Им слушать дождь – само уж по себе
Занятие, зачем еще о чём-то,
Не представляю, думать: дел никчёмных,
Пустых залейся, как в любой судьбе.
Послушай дождь – с тобой, в нём заключённым.

* * *

Безразмерного солнца оранжевый круглый проём
В неизбывное прошлое, где возвращению рады,
Где так солнечно ночью и так ослепительно днём
Над утопией города с гордой приставкой – «детсада».

Мир наивен и кроток, и если уйти за порог,
Уползти по ступенькам туда, где такие же дети,

Всё, что дальше случится, пойдёт обязательно впрок,
Как и всё, что случится на этой счастливой планете.

Будет всё, что вверху, беззаботно куда-то лететь,
То, что ростом с тебя, обступать хороводом плотнее,
И нет явной причины куда-то из детства хотеть,
И, как следствие, повода нет становиться взрослее.

Спасение

Лес всё темней, свет от свечи плотнее,
Всё уже и запутанней тропа,
Всё больше страхов, порожденных ею,
О том, что заблудился и пропал.

По сторонам выскакивают чаще
Уродливые формы из теней,
Должно быть, те предвестники несчастий,
Что знал Улисс и находил Эней.

Перетекает вечер в ночь неслышно,
Как будто затаился кто-то там,
В холодной тьме, и в спину тихо дышит,
И чёрной веткой – след его хвоста.

На каждый хруст моих шагов – затишье,
Взгляд от звезды навязчивей в сто крат,
И лес, как кот играя с шалой мышью,
В игре со мной предскажет результат.

Треклятый холод одолеть поможет
Любого путника и посильней меня,

А лес глубок, всё менее похожий
На тот, который знал при свете дня.

А лес дремуч, в сплошном его молчанье,
Как в лабиринте, пропадает звук,
И небо вдаль уходит со свечами,
В тьму погружая всё, что есть вокруг.

Всё ближе блики и всё резче тени,
Свеча в руке дрожит и меркнет свет,
Меня объединяя вместе с теми,
Кто прежде проходил, оставив след.

Стекает воск с ладони, меньше света
В хранимой мною жизни огонька,
И нет надежд на то, что, может, где-то
Добавится ещё одна строка.

Но дальний голос над листом бумаги,
Что сам себе в ночной тиши бубнит,
Я вдруг услышу – по любой из магий
Он, словно в мифе Ариадны нить.

В его усталом и безличном тоне,
В спокойной речи и порядке слов
Вой ветра захлебнётся и утонет,
Оставит лес последний свой улов.

Хватило б веры и любви на Б-га –
В той фразе и в той сдержанности чувств:
«Мой друг, чтобы верней найти дорогу, –
Услышал я, – задуй теперь свечу».

* * *

> *Твое желание – это желание Другого*
> *Ж.Лакан*

Снег не сыпет с неделю. Оплывшие льдом
Тротуары сроднились с дорогой.
Можно выйти из дома, прошлёпать с трудом
По катку, что застыл у порога.

Или если б курил, постоять у крыльца,
Глядя в окна соседей напротив,
Что глядят, как в ночи светлячком часть лица
Белый дым освещает в полёте.

По обочинам вмерзшие глыбы стоят,
Валуны с посеревшим плюмажем:
Был бы кем из летящих, то горный сей ряд
Наблюдал бы в февральском пейзаже.

Был бы той же грядой, что сквозь город растёт
Предсказанием Жака Лакана,
Дальше – берегом, раз или два раза в год,
И, хоть раз, вдоль него океаном.

И когда-нибудь – быть небосводом, с утра
Омывая лучами тот город,
В чьей квартире желаний взыскующий раб,
Словно в клетке. И выйдет ли скоро?

* * *

Ты прости, что в последнее время приходится часто
Поднимать эту грустную тему «друзья и обиды»,
Растекаясь привычным рефреном: «Хоть живы все, к счастью,» –
Не большим утешением к тем отношеньям разбитым.

Запах пыли, руин. Побродив по своим парфенонам,
Обнаружишь вокруг черепки от забытых предметов,
Даже вспомнишь все цифры из пары былых телефонов,
По которым не стоит звонить. Но сейчас не об этом.

Можно долго смотреть на часы. Зазвучать *а капелла*.
В первый день февраля наглотаться креплёным "чернилом",
Ведь судьба – это то, чем с тобой рассчитаться успело
Время суток. А всё остальное, должно быть, приснилось.

Душа

Сама в себе парит, напоминая пламя,
Чей внутренний магнит не отпускает свет,
Пока сквозь пустоту обеими руками
Её проносит тот, кому названья нет.

Разлита темнота, как вдоль листа чернила,
Но там, внутри огня, настолько луч слепит,
Что в вечной мерзлоте такое и не снилось
Всему, что до поры, неявленное, спит.

Ещё не слышен звук, что связан родословной
С гортанями вещей, с предметностью пути,

Чьим ветрам предстоит, не говоря условно,
Пространство наполнять и временем расти.

Ещё не ведом страх, что как укол подкожный
В грядущее внесёт заведомую боль,
И всё, что предстоит, единственно возможным
Однажды назовёт, а именно – тобой.

И медленна, слепа, как и новорождённым
Положено, душа спускается, тепла,
По длинному мосту, что за спиной сожжённым
Всем остовом исчез, спалив себя до тла.

А там, в конце пути, тела, играя в прятки,
Скрывают возраст свой, и нелегко найти
Родившейся душе свою, родную пятку,
В которую б упасть, чтобы себя спасти.

Душа'

Когда вместо кварталов жилых только груды развалин,
Все фундаменты зданий черны, как могилы пустые,
Позабытые улицы молча лежат без названий
И нет места здесь чувствам, включая и чувства шестые;
В площадях не осталось величия, в парках – деревьев,
По обочинам – блеклые кузовы автомобилей:
Это значит, что жители в город уже не поверят,
И покинули город, и даже про город забыли.

Когда стены обвисли, полов не увидеть под пылью
И язык потолка мертвой лампочкой вылез в проводке;

Вечерами закат с неумеренным, бешенным пылом
Лезет в окна; сухарь и стакан с недопитою водкой
В глубине подоконника; сквозь незакрытые двери
Продувает сквозняк долгий обморок брошеных комнат:
Это значит, жильцы в этот дом уже больше не верят,
И покинули дом, и считают, что с ним не знакомы.

Когда сетка из трещин накроет всю сетку извилин,
На развалинах печени флаг поражения, сердце
Бъётся так безнадёжно, как-будто его не любили,
А на месте зубов пара-тройка больных заусенцев,
Вместо встреч – муть язычества в виде ай-фона-ай-пода
С "смс"-кой от Б-га, но коль это сон – не проснуться:
Это значит, душа покидает, и время исхода
Из бесполого тела. И ей никогда не вернуться.

Эммаус

Издалека – сплошные параллели
Закрученных в воронки башен полых:
В них отраженья долго б стекленели,
Когда б чередовались каждый сполох,
Проезжих фар агатовые блики
Растянуто во времени и томно,
Не оставляя в городе улики
Об ускореньях улиц полутёмных.

Примерно сто на сто библейских стадий
В границах как на север, так на запад,
В которых, подчинясь инстинктам стадным,
Идёт толпа на голос и на запах,

Ритмично тормозя на перекрёстках
При свете, что всё в тех же ярких фарах,
Что, им вослед, неоном перекрёстным
В рекламном тексте «мене, текел, фарес».

На север нитью из камней рубина
Плывет дорога, ей навстречу к югу –
Из белых жемчугов, сплетясь в картину,
Где авеню прозрачно льнут друг к другу.
И наблюдая с птичьего полёта
Весь город, словно бы в лучах рентгена,
Его скелет для вечного пилота
Артериально освящён и венно.

А выше, в зеркалах гудящей бездны,
Всеотражающей и свет, и темень
Сверкает голограммой Град Небесный,
Растущий от земного, как растенье.
В его стенах из ясписа, в эмали
Оконной, без какой-либо основы,
Гудзон течёт, и каждый день Эммаус
Врата входящим отворяет снова.

Полярная воронка над Нью-Йорком

"... Гибель Titanic'а, вчера обрадовавшая меня несказанно (есть ещё океан)".
А.А. Блок, запись в дневнике (5 апреля 1912 г.)

Ветер метёт по следам, что лежат со вчера,
Снежную взвесь, распыляя по воздуху жалость,
Мимо промёрзших ступеней январских террас,
В двери, затем и в прихожие et cetera,
В шторе найдя сквозняком удалённую жалюзь.

С Арктики в Новую Англию словно бы лаз
В воздухе вырыт, и сверху воронкой полярной
Долго глядит бесконечности вогнутый глаз,
Чёрным зрачком отражая напуганных нас,
В наших домах опечатанных, будто в футлярах.

Что же останется, если не день, и не два
Это продлится? И если воронка остудит
Все тротуары и в трещинах все дерева,
Что на морозе остыли и живы едва,
Равно как живы ещё не остывшие люди.

Столбик термометра, словно навылет пробит,
Падает навзничь по ту нулевую отметку,
Где ожидают привычный размереный быт,
Мысль о тепле, чей домашний искус не забыт, —
Зимние встречи с промозглым в зиянии ветром.

Гулким блокбастером тянется то, что темно,
Напоминая о том, что застыло над нами
Звонкой воронкой, всезвёздной тоской ледяной,
Тем, что когда-нибудь между тобою и мной
Вдруг вертикально возникнет, подобно цунами.

* * *

… мёртвое, то есть — воплощённое

Его почти что нет, он в первой строчке,
Сейчас он появляется на свет
Под робкие прямые и кружочки
За вычетом отсутствующих лет.

Опасно одинок, младенец голый
Без внятного сюжета и цитат,
Заплачет над спряжением глаголов,
Как летний воздух звуками цикад.

Затем из поступательных движений
Появятся, небесны и тихи,
Родные души первых предложений,
В одном дыханье – проза и стихи.

А в них, из сора роковых наречий,
Уже неотделимы на свету,
Рождаются иные части речи
И на глазах стремительно растут.

Подобно ливню, что на сельву сходит,
Текст омывает долго каждый слог,
Уже неся для будущих просодий
Прозрачные потоки новых слов.

Так моментально наступает зрелость
И имя существительное в ней,
Минуя то, что спелось и не спелось,
Стареет с прилагательным верней.

В волнах незамолкающего Стикса
Теперь катренов путь не проследить,
А значит, весь до точки воплотится
Вот этот текст, что вправе уходить.

Зимняя прогулка

Прислушаться – как будто кто-то «стой!»
Выкликивал, в зависимость от ритма
Моих шагов и с той же частотой
Впадающий, с банальнейшею рифмой

«Стой – стой», стараясь перекрикнуть скрип
Заснеженной тропы, и тоном вещим,
Словно хотел простуженный старик
Успеть беду, судьбу, другие вещи

Остановить, поскольку он-то знал,
Что будет впереди, и окликая,
Морозным утром подавал сигнал
Охрипшим сиплым горлом, не смолкая.

Нас было только двое на тропе:
По ней идущий и над ней же голос,
Всё остальное, вроде бы, успех
В конце пути мне предвещало – голый

Пейзаж без видимых препятствий, без
Предметов, вызывающих тревогу,
Вдали под снегом задремавший лес,
Упругий наст, что путнику в подмогу,

Прозрачный воздух, стая воронья,
Выкрикивавшая свой зимний голод,
И одиноко шествовавший я,
Довольный всем, когда б не этот голос.

В его скрипящем «стой!» сплошной упрёк
И чувство неисполненного долга,
Но путь далёк, далёк, далёк, далёк, далёк –
Сухое эхо повторяет долго.

После ночного бурана. I

Всю ночь меж двух тяжёлых облаков
Пурга сочилась леденящей массой,
Как между двух чугунных червяков
Машинное течёт густое масло.

И пена уходила сквозь зазор,
Забив собою до краёв сугробы,
Где ветру не нести обычный вздор
Гораздо легче, коль молчать до гроба.

Где тишина, хотя шумит над ней
Холодное неведомое нечто,
Что, если не считать прошедших дней
С грядущими, и означает вечность,

В которой гулкий поворотный круг
Гигантского слепящего бурана
Толкает землю, всё, что есть вокруг
В ужасном, бесконечном ритме рваном.

После ночного бурана. II

Как зеркало, в котором ничего
И никогда уже не отразится:

Ни облака размытое чело,
Ни человек, задумавший родиться,

Ни край оврага, уходящий за
Волнистую кривую горизонта,
Ни крыш покатых утром бирюза
С росинками из жидкого азота;

Нет окаймленных ветками дорог,
Ни их тропинок, уходящих в чащу,
Затем опять же с четырех сторон
Сходящихся в морозном настоящем,

Ни падающих под углом лучей,
Словно Персей их уберёг от бега, –
Так городок становится ничей
Под ровным слоем выпавшего снега.

"2013"

Он погостил, и он сейчас уйдёт.
В последних числах уходящий год
Уже в обузу и совсем растерян.
Он выйдет за порог – и пропадёт.

Пока же он кровать свою застелит,
Поговорит на кухне о потерях
И бросит на будильник взгляд мельком,
Хоть уходящие часам не верят.

Так ни о чём и, в общем, ни о ком,
Прокашляв непривычный в горле ком,

Он поведёт прощальную беседу,
Допустим, с отражением вдвоём.

И посидев минуту напоследок,
Простится окончательно к обеду,
Чтоб к полночи уже совсем уйти
С улыбкой, мол, карету мне, карету!

Куда теперь ему себя нести,
Себя – от них, от нас, от вас? И стиль
Прощения, хоть нету виноватых,
В прощании с несказанным «прости!»

Как будто расстаётся каждый атом
С собравшимся в дорогу младшим братом,
И проводник его за дверью ждёт.
И – как его – патологоанатом.

Утро с электробритвой

И отраженье бритвы, и щека
С седеющей и утренней щетиной
Пока не выдают, что за мужчина
Глядит анфас на это свысока.

Затем – ноздря. Рисунок носа скуп,
И с нижним веком связанное что-то –
Разрыв в забытой драке... Бутербродом:
Язык торчит из неподвижных губ.

Тяжелый подбородок; все равно
Откуда сеть морщин на лбу, и ухо

Не слышит бритвы, как и прочих звуков,
Внутри немого, в этот миг, кино.

Зрачок, рисуя весь овал лица,
Захватывает ткани амальгамы,
Пока за грань не выступая рамы –
И начиная заполнять с конца,

С угла вносить из вековых стволов,
Из птиц (что у зеркал – диагонали),
Сплошную лессировку, что едва ли
Не в состояньи разрезать стекло.

Всё за спиною выглядит, как лес,
Который разрастается мгновенно,
Как в мраморе – от всей системы венной,
Как в зеркале – любой его надрез,

Любой его участок, что сейчас
Уже чернеет вдоль границы нижней –
Пусть всё бы это выглядело книжной
Страшилкой, но отсутствие плеча,

Как базиса, всего, что есть над ним,
Как нас учили, всей его надстройки,
По типу уха, горла, носа – тройки,
Чей был бы вид не переоценим,

Да всюду, как взбесившимся плющом,
Всё то, что лезет, заполняя чаще
Сухую плоскость – реки, горы, чащи,
И то, что не назвать, что ни о чем,

Что сам квадрат, закрученный кольцом,
Оставленый над вертикальной бездной,
В которой отражаться бесполезно –
Какой-то частью, либо всем лицом.

И сразу время, выбрав, что могло
До дна, до леденящего покоя,
Как ворон, улетает с поля боя.
Как войско, что навеки полегло.

Цикл

Пусть обморок, пусть что-то вроде сна:
Холодный пол и кафель коридора,
Одно из мест, где посылают «на…».
И ты не ждёшь, когда пошлют повторно.

Свет лампочки, как светлячок ночной
Под дальним потолком; в слюде проёма
Оконного – чернеет глубиной
Всё, что привычно ощущать вне дома.

Почти по сто шагов на каждый вдох –
И всё невероятней каждый выдох,
Но сколько бы ни стоило трудов,
Ты, ускоряясь, приближаешь выход.

Вдоль стен идёт покадрово кино,
Что боковым рассматриваешь зреньем,
Кого-то сразу узнавая, но
Оно идет с безумным ускореньем.

И ты, не в состоянии идти,
Вдруг падаешь на санки – ниоткуда
Они возникли на твоём пути
С естественной сегодня верой в чудо.

Вперёд ногами, ощущая наст
На каждой кочке, по дороге прямо
Везёт, как в детстве каждого из нас,
Тебя сейчас не папа, и не мама.

Потом спина уходит в пустоту,
И так легко, и так слегка морозно,
И ты лежишь, теперь уже по ту
Губительную часть метемпсихоза.

Лишь имя беспокойным светлячком
Под потолком мерцать вдали осталось,
И вновь под ним ребёнок босиком
Стоит. Затем пойдёт, чтоб встретить старость.

Остановившись у балкона снежным утром

Стул на балконе по сезону пуст,
Но, выделив его с утра из фона,
Ты сам определишь шестым из чувств:
На нём сейчас, должно быть, Бог балкона.

Как и своё творенье, формой прост
Настолько, что ничто не покрывает,
Он сон в дальнейшем, как сказал бы Фрост.
Чей лес за ним – никто теперь не знает.

В пути

Дорога с утра вновь короче. В разное время суток
Её длина ежедневно меняется – и это поступок

По отношению ко времени со стороны пространства,
Или наоборот, поскольку с годами уже не так странно,

Что в полдень дорога оказалась гораздо длиннее
На том же отрезке. И ты меняешься вместе с нею,
Становясь на меньшем участке сегодня, что ли, нежнее,

Чем вчера, а вчера ты просто был зол и устал плестись,
И длился так нескончаемо, как викторианский стиль,
Столь короткий сегодня путь. Но завтра, так же почти,

Дорога себя протяженно и беззвучно с утра проложит,
Что тут же изменит твой возраст, возможно цвет кожи,
Поскольку дорога на долгом её пути любого может
Поменять на другого – и себя не признает прохожий.

* * *

Мал человек. Верней, его предтече,
От двух, примерно, лет и до пяти,
Вполне хватает возраста и речи,
Чтоб мир постичь, запомнить и простить.

Как главная фигура во Вселенной,
Малыш выходит из дому с утра,
Не удивляясь – с каждым шагом – сменам
Зон часовых, народностей и стран.

Он Гуливер в пейзаже, громко поступь
Его слышна, и день – в сто лет длиной,
Тем компенсируя всё то, что будет после,
Когда считать секунды по одной.

Когда с годами память тяжелее,
Да с каждым шагом лишь короче путь,
А впереди – полцарство всё яснее,
Где полконя отдашь кому-нибудь.

Так шахматной доске присуще свойство,
Ночами расширяясь без конца,
Фигуры уменьшать, пока всё войско
Исчезнет до последнего бойца.

Новый год

Совпали стрелки – малая с большой.
И новый миг в зазоре циферблата,
Меж тем что предстоит и что прошёл,
Не более своих соседей краток.

В нём всё должно совпасть до мелочей:
То, что вотще; что признано полезным;
Перемещенье лиц и их вещей,
Что мигу предстоит над вечной бездной.

Гигантская работа, адский труд –
Всё, без потерь, в мгновенье переставить,
Коль быть не может, что не совпадут
Одно с одним, и универсум станет...

Совпали лампа, зеркало, кровать,
Те, кто сейчас не спят в одной из спален,
Ковер и пуф, раскрытая тетрадь
На прикроватной тумбочке совпали.

Совпали в кухне чашки и часы,
Плита с духовкой, мойка, холодильник,
Стол, стулья, средне-русской полосы
Картина на стене, под ней мобильник.

Совпали книжный шкаф, за томом том
Бланшо и Бродский, Хлебников с Кручёных,
Совпали Фрост, и Оден, и Джон Донн,
С элегией, ему же посвящённой.

Совпали дети до корней волос,
Развешенные по стенам портреты,
Окно, за ним пейзаж, на нём откос
С домами, что как мелкие предметы

Разбросаны по склонам; шум машин
Совпал с порывом северного ветра,
Фигуры отдалённые мужчин
И шляпы их ковбойские из фетра, –

Совпали все, кто вышел из дверей
И те, кто входят, открывая двери,
Вся улица, что дальше и верней,
Квартала три спустя, упрётся в сверик.

Совпало время года, ночи, дня,
Созвездий, вкупе – Знаков Зодиака,

Приход неумолимый января,
Что ежегодно так же одинаков,

Совпал, как пазл; и как за годом год –
При встрече в предкушении свершенья,
Как так же при дыхании рот-в-рот
Вдох совпадает с верой во спасенье.

Ничто не вечно, кроме пирамид,
И мигу, что томится за спиною,
Перенести опять же предстоит
Всё целиком, как и ковчегу Ноя,

Чтоб всё совпало, но уже несло
В себе другое, что неповторимо.
И здесь не важно место и число,
Ведь в будущем всё несоединимо.

Рождество

Последние сомнения оставлены,
Едва волхвы ушли. Теперь сквозняк
Оконными поскрипывает ставнями.
Ночь впереди. На небе яркий знак

Настолько яр, что нет необходимости
Лучину жечь... Ей так не по себе,
Что слышит весть о роковой судимости
Она в сыновней, избранной судьбе.

Должно быть, вовсе от предчувствий спятила –
Младенец спит, но в тишине ночной

Ей видится толпа и крест распятия,
Стоящий на горе; и по одной

Жертв распинают, и палящим мячиком,
Что брошен в небо, но не упадет,
Зависло солнце над несчастным мальчиком,
Который смерти, как спасенья, ждет.

Там сын её. Объёмное видение
Позорной казни. Жажда, и тоска,
И муки, и: «Свершилось!», и затмение,
Как обморок пространства; в нём строка:

«К злодеям причтен был», – а дальше датами
Походы к Гробу, казни на кострах,
И неофиты, ставшие солдатами,
И кровь рекой, и варварство, и страх.

Она всё видит: чем любовь сыновняя,
Завещанная всем ученикам,
Мечта о всепрощении, то новое,
Что сын дарил народам и векам,

Какими обернулась миру бедами,
Но в том её ребенка нет вины,
В том нет вины, ведь пирровой победою
Мы провожать века обречены.

Она дары сложила. Старой скатерти
Хватило на приличный узелок,
И, выбросив его к ядреней матери,
Дверь затворила на дверной замок.

Младенец спал. И жизнь казалась долгою,
Никто не знал, что ровно – тридцать три:
В такие годы где-нибудь за Волгою
Едва с печи сползли богатыри.

Младенец спал. И ночь казалась длинною,
И мир в ночи сиял, привычно нем.
Мать пальцем по стеклу прямую линию
Вела. И был спокоен Вифлеем.

К 25-летию прибытия в Америку

Ты сюда попадаешь, в страну индеек –
Человек ниоткуда; из прочих свойств
Ты здесь ближе к тому, кто совсем без денег,
И простому бизону почти что свой.

Обладателем снов в не своей кровати,
С не своим же словарным запасом слов,
Ты, как всякий герой-первооткрыватель,
Здесь, как в лавке посудной бродячий слон.

Перспективы, к чему неизвестно, манят,
И слоняясь по острову в сотый раз,
Ты привычную фигу несёшь в кармане,
О фасады домов трёшь усталый глаз.

Ты и джазу открыт, и не меньше – виски,
Если грезишь, то сразу за весь Голливуд,
Хоть ни бэ в разговорном своём английском,
И ни мэ, если всё же тебя поймут.

Ты оставил всё там: кино-клин журавлиный,
Дым Отечества, бездну берёзок, букварь,
И медведя с его балалай-мандолиной,
«На коня» опрокинувшим полный стопарь,

Государство, в котором не очень и жарко,
И вполне климатически можно бы жить,
Если б личного времени было не жалко,
И коль был не еврей бы, а Вечный Жид.

Рая нет на земле. Вероятно, и выше.
Государства – пустая забава менять,
Но тот раб, из которого всё-таки вышел
В той стране, сам позволив её променять,

Тот галерный, безгласый, из прежних погромов
Правнук предков, в могилах оставленных гнить,
Как же рад, что вот так безвозвратно от дома
Я не в лучшей стране, но не должен любить

Ни идей, ни её легендарных погостов,
Ни вождей, ни бездарных её палачей –
Я в стране, где ведомый судьбой, очень просто
Ты ничем не обязан, поскольку ничей.

И слова благодарности, были бы силы,
Год от года твержу, ибо несть им числа:
Той стране, что без крови меня отпустила,
И вот этой, что сразу меня приняла.

«Подводная торпедная лодка Эйч. Эл. Ханли» с картины Конрада Чапмана (1863 год)

Konrad Chapman, Submarine Torpedo Boat H.L. Hunley (Dec. 1863)

Хотелось бы его руками
Потрогать. Колорит немаркий
В нем выдавал гигантский камень,
Что развивался по Ламарку.

Став, тренируясь, чудо-рыбой
В кругу четвертом Юги – Кали,
Он вслед за тем на берег прибыл
Торпедоносцем «Эйч. Эл. Ханли».

Предмет из клепаной обшивки
Столь оттенял песок и дюны,
Что здесь исключены ошибки:
Он в состоянии был думать,

Решать различные задачи
И, ибо стал подводный хищник,
Бесстрашным рыцарем удачи
Искал себе покруче пищу.

Он выходил один в просторы,
Взрывал линкор себе на ужин,
И в нём взрывной волной моторы
С кишками выпускал наружу

И с обезумевшей командой,
Метавшейся от бака к юту

С молитвами и диким матом,
Поскольку жить – две-три минуты,

А дальше – небыль или пропасть,
Что с точки зрения их судеб
Какая разница, ведь пропуск
В края, где ничего не будет.

Под лязг из глубины победный
И всей коррозией металла
Над «над» торжествовала бездна,
И он был «под» – всех бед начало.

В подводных странах странный странник,
Он знал ходы со дна морского
На край земли, и там всем крайним
Он был, как бочка с «пепси-колой»,

Как дар, дарованный им свыше,
Как в адовой тиши оазис, –
Там, где из водорослей вышит
Бездонный под надстройкой базис.

Там, за границей войн и мира,
Торпеду не пустив ни разу,
Он испытал согласье с миром,
Не возвратясь к себе на базу.

И к знамени со звёздным крапом,
Приспущенным, словно уставшим,
Приложен был печальный рапорт
О лодке, без вести пропавшей.

Ловля тунца в нью-джерсийском каньоне

Д-ру Л. Т-ру посвящается

Есть центр Атлантики, и он где-то рядом. Многое
Изменяет свой масштаб в сих голубых просторах
От Лонг Айленда в четырех часах
Пути по волнам и, как говорится, на всех парусах:
Здесь прибытие шхуны, как и любого крупного членистоногого,
Встречают со смешанным чувством ужаса и восторга.

Для океана шхуна – тот же остров, разве странные
Плавучесть и укол якоря, при том, что на виде сверху
Судно привычной крошкой в бороде
У Нептуна, хотя не только для Атлантики это беспредел:
Простившись с берегом и его земноводными странами,
Не уходить на глубину, а рассекать постоянно поверхность.

Пену у волны взбивает от ожидаемой близости
С центром, и барочные замки пузырей шипят, разлетаясь
На отражения, и ныряют под винт,
Где подводной панорамой открывается жуткий вид
На бездонное дно, всё из мутного ила и слизи – стиль
В духе импрессионизма, когда бы не рыбья стая.

В профиль, вспоминая кривое зеркало, волнистая
Стая плывёт на северо-восток, серебристо и славно,
Не напуганная никем и никак,
Как мозаика на сюжеты о затопленных кладах – косяк
Ей первое имя, и отражая жёлтые водоросли волокнистые,
Струит вдоль течения плотной кишащей лавой.

Линзой выпуклый косяк мелких рыб, быстрыми
Огибаем рыбами: слева по борту небольшой акулой,
А справа гигантским тунцом
(для шести рыбаков сверху, на шхуне, в конце концов
Он и был главной целью), – будто возвращенными выстрелами
Уменьшался, влетая чешуйчатыми пулями в пасти-дула.

Где-то рядом плывет наживка, как символ блажества и
Того, что веками как земно, так и водным понять не под силу,
Лишь сырым истуканам, что вдали;
Что, как в близком по духу и снам полотне С. Дали,
Так же в небе плывёт острой чайкой банально сивой
Над началом, лишь видимым со спины, безутешного женского.

И тунец заглатывает свою судьбу. Здесь есть отличие
Между желанием вольно плыть, между волей неутомимой,
Хотя очевиден скорый конец,
И азартом шести рыбаков на шхуне, для которых в 200-паундов тунец –
Предмет страсти (ослабить, тянуть, подсекать, побеждать), страсти неутолимой,
Равно как для олимпийцев-богов, дабы не потерять своего же величия.

Там, на глубине футов восьмисот, где принимают решения
Потопить судно, унять шторм или наслать цунами с бурей,
Тунец, за губу зацепивший крючок,
Уже не в счет и к столь модному пирсингу теперь не при чем:
Его мясо на срез, что знакомо по суши, вишнево-бурых
Тонов, то есть точно рассчитан на обряд жертвоприношения.

Страх и трепет жертвенного дара при помощи Третьего
Обращены к рыбьему демиургу, но роли своей и шхуны
Труженники не осознают:
Они тянут на палубу тушу, в предсмертный её неуют,

Подтягивают леской и лупят баграми в плотный бок туны
Так, что шкура сочится вишневым соком и провисает отрепьями.

Рыбаки обычно доводят дело до конца. И если выдержит
Леска, то тунец отпущения будет тут же доставлен к Богу
И мудрость смерти победит
Невыносимую глупость бытия, как говорят местные: "That shit!" –
Но коли подлунный не спасти, то от дара к дару, понемногу
Подводный мир, пусть в одном, нью-джерсийском каньоне, выдюжит.

Тигровая акула

Ты капля в океане; ближе – выстрел,
Что скоростью руководит своею,
Твой путь, словно торпеде, точно выстлан,
А стаи рыб, как паруса на рее,
Полощутся, чем ближе, тем быстрее.

Твой вид наводит ужас: глаз навыкат
Так очевидно зеркало души, что
Летальный здесь возможен только выход
Для жертвы, как с семитом для фашиста,
Как с перебором перца, не душистым.

Вид плавника освобождает пляжи
И прикус мокрой челюсти известен
Настолько, что сам результат не важен,
Ведь из числа вообразимых бестий
Акула хуже все их, взятых вместе.

Плывя на запах крови, на движенье
Естественным орудием убийства,

Ты невиновна, и своим служеньем
Сердца привычно заставляешь биться
От страха, без известного витийства.

Не предана добру и злу, за гранью
Расхожих мнений, совмещая с глоткой
Пловца, который был смертельно ранен
Широкими зубами и сжат плотно
В двух челюстях, ты бьёшь прямой наводкой

По жизни, по всему, что есть живое,
Поскольку ты, как хищник, всех живее,
Поскольку, как и генерал, и воин,
Ты к смерти ближе, смерть сама, вернее,
И миф о смерти, что всего старее.

Ты создана, как символ безучастья,
Подобно ко всему готовой пуле,
Что повсеместно, но не слишком часто,
Встречается, и с фатумом акульим
Сродни всем катаклизмам в общем пуле.

Ты просто гибель в идеальной форме,
Когда б не вздох сквозь жаберные щели,
Когда бы не плыла, судьбе покорна,
Навстречу гарпуну, являясь целью,
Как смерть, что поразила вмиг все цели.

* * *

Плодово-ягодных субтропиков
Волнуемая ливнем сельва

С непредсказуемою строфикой
Тропинок, с шутовским весельем

Полсотни обезъян, с лианами -
Предтечей цирковых трапеций,
С материей, от страсти пьяною,
Как мог бы указать Лукреций,

С лучом, что праздно насекомые
С утра выстраивают в стелы
И башни, глазу не знакомые,
Но совпадающие с телом,

С надмирно звонкими, с шипящими
В кишащей чаще голосами,
Не потревожившими спящего
И не тревожимые сами,

С приправ и запахов коллекцией,
Что в мареве кипят, как в тигле…
С внезапной зрения коррекцией
Под впечатлением от тигра,

От гипнотического трения
Оранжевых широких линий
На влажной шкуре, от мгновения,
Когда всего тебя заклинит

Внутри формата сна – фантазии,
Что тут же ужасом накроет:
С моей начавшейся афазией
К известной теме «смерть героя»;

С его клыками в пасти, крашеной
Кроваво-желтою слюною,
С тем, что невыносимо страшно, но
В ней будет надрываться мною,

С той из возможностей – последнею,
Что сна, решительно и сразу,
Как бы меж двух миров посредником,
Отключит роковую фазу.

И серый, празднично-безлиственный
Ландшафт, о счастье, ешь глазами,
Как текст ,– и коль всмотреться пристальней,
Как растянувшийся гекзаметр.

* * *

Моя мама невидимка
Она живёт в доме-невидимке
На невидимой улице
В невидимом городе
По утрам
Она
Неслышно здоровается
С невидимыми соседями
И улыбается им
Невидимой улыбкой
Соседи садятся в
Машины-невидимки
И отправляются на
Невидимые работы
А мама

Занимается с утра
Хозяйством
У неё много работы
По невидимому дому
И только после
Полудня
Она отправляется
В невидимый супермаркет
За покупками
Мама кладёт массу покупок
В тележку-невидимку
И вернувшись
В невидимый дом
Забивает ими
Холодильник-невидимку
До отказа
И эта большая работа
Забить продуктами
Невидимый холодильник
Так, чтобы
Ничего в
Пакетах
Не осталось
Каждый день
Мама готовит
Обед
И накрывает
На стол
Она разливает
По невидимым
Глубоким тарелкам
Суп

Раскладывает
Гефилт-а-фиш
По невидимым
Круглым тарелкам
И ждёт отца
И нас с сестрой
Чтобы мы поели
И поделились последними
Новостями
Потом мама
Моет посуду
И опять занимается
По дому
Это огромная
Работа
Держать
Невидимый дом
В чистоте и порядке
Ближе к вечеру
Мама включает
Невидимый телевизор
Он неслышно
Работает весь вечер
Пока мама читает
Сразу несколько
Невидимых книг
Самых разных писателей
Которых никто
Никогда
Не видел
А перед сном
Мама

Подходит к окну
И машет мне
Невидимой рукой
Желая спокойной ночи
Утром
Она подойдёт
К окну
Помахать мне
Невидимой рукой
Желая
Хорошего дня
И я
Ни разу
После
22 ноября
2005 года
Ни разу
Не видел
Как
Мама-невидимка
Машет мне
Рукой
Хотя
Я знаю
Что после
Её переезда
В город-невидимку
Какая-то
Часть меня
Стала невидимой
И с каждый днём
Она становится

Всё больше
И больше
И настолько
Больше
Когда-нибудь
Станет меня
Что в один
Из невидимых дней
Я помашу
Маме
Рукой в ответ
И она
Вздохнёт
Спокойно:
Слава Богу,
У сына
Всё в порядке.

Магритт. I

Полуденный пленэр. Та часть реки,
Что отражала облака и с ними
Птиц в глубине, движеньями руки
Теперь коллаж, чей колоритный снимок
С ландшафта снят за слоем слой, и так
Перенесён на холст по капле каждой,
По каждой из зависших в небе птах,
И Тем за ними, что не перескажешь.

Мольберт вмещает массу вещества,
И, тяжелея с каждой взятой тонной,

Вода в реке, по берегам листва
В нём обретают свежесть полутона,
Перетекают цветом в мелкий штрих,
Себя вмещая в грунтовую плоскость,
И остаются остывать внутри –
Под влажным маслом, под слепящим лоском.

Сойдясь, как два сиамских близнеца,
Трехмёрное пространство над двумерным
Теряет власть, начала и конца
Уже не ведая; и предстоит, наверно,
Зиять дыре в ландшафте, холст едва
С мольберта будет снят, – по той же схеме
В пространстве брешь берёт свои права,
Когда, приятель, ты уйдёшь во время.

Магритт. II

Тень, состоя из антивещества,
Сидит на стенке в виде существа,
Питаемого цветом;
Ткань штукатурки плавится под ней,
И контур, как при сварке, всё ясней
В преддверии рассвета.

Развешены, как в тире, облака,
И ближнее присутствие стрелка,
Не видного в проёме,
Реально, и на небе голубом
Последняя звезда, как полубог
Сгорает в полудоме.

* * *

> *Восславим царствие чумы*
> А.С.П.

Восславим архитекторов колонн,
Геометров сечений золотых,
Из чисел получивших Парфенон,
Как из слогов – александрийский стих;

Бесчисленных гармонии рабов
И воинов порядка, кто сложив
По площадям расставленных богов,
Заставил их смотреть на всех, кто жив;

Картографов, соткавших из границ
Морей и стран цветное полотно,
И небеса, что клинописью птиц
Итоги осенью подводят. Но

Всё то, что над, и то, что предстоит
Душе, взлетевшей в хаос пустоты,
Узреть, поднявшись выше пирамид,
Познать, все растеряв свои черты,

Бессчётное, всесильное и вне
Возможных представлений о «прости»,
Оно, всегда с собой наедине,
Не даст со стороны себя постичь.

А значит, остаются чертежи
И планы, как единственный пример

Того, что появившись, может жизнь
Не победить, так обустроить смерть.

Сновидение

В прозрачной посудине утлой
Вплывая под парусом ветхим,
Моё сновидение утром
Качает осенние ветки.

Незримое глазу иному,
Знакомое с раннего детства,
Оконному дарит проему
Всё то, от чего мне не деться,

Годами не спрятаться в спальнях,
И как ни задёргивай шторы,
Тот луч сновидения дальний
Когда-то настигнет повторно.

В нём мальчик по краю оврага
Бежит, и как в фильме Феллини,
Вокруг образуется влагой
Пространство из смазанных линий,

В забытых обрывках мелодий,
В тональностях смеха и плача, -
И это случается, вроде,
Всегда на родительской даче.

Он мчится, и я это знаю:
Всесильная чёрная маска

За ним наблюдает – за краем,
Где жуткая вечная масса

Клубится, как чёрное небо
Знаменьем ненастной погоды –
И здесь обязательно мне бы
Проснуться, чтоб дальше на годы

Покинуть кошмар бесполезный
С деталями пота и бега,
Но мальчик по краю над бездной,
Похоже, не в силах не бегать.

Он там, на краю, замирает
Всем сердцем, и остановиться,
Остаться на равных с мирами
Спешит перед тем, как разбиться.

Ему так безумен и страшен
Прыжок, где теперь одинокий
Руками он яростно машет,
Пока тащит пропасть за ноги.

Когда-нибудь, может в секунду
Всегда неожиданной смерти,
Я руку, в сознанье покуда,
Ему протяну – и, доверчив,

Мое, опаленное солнцем,
Он схватит навечно запястье –
И, может, мы вместе спасёмся.
И, может быть, вместе пропасть нам.

Последние числа

Август. Последние числа.
Не полиняла Отчизна,
Польска еще не згинела,
Но в летнем воздухе прелом,
В звуках его удивлённых,
Словно прощанье с зелёным –
Цветом надежды и веры
В тройке с кондиционером,
То есть, «прощай, фотосинтез!»,
Время, когда яркий ситец –
Символ туризма и странствий,
Скоро покинет пространство;
Так же съезжают с квартиры –
И открываются дыры
Из незашторенных окон;
В звонкой тиши – водостока
Жалкий скулеж, и от света
Жухнут, желтея, газеты
Скомканной брошенной грудой;
В кухне не вякнет посуда,
Коль горсть тепла сквозь проёмы
Ветер выносит из дома
В честь наступившего часа –
Зимнего времени. Часто
Дождь, как мечта о нирване
Или спустившийся странник,
Кем-то дарованный свыше,
Будет стучаться о крышу
Но, обивая пороги,
В дверь не звонить. И, как боги,

По вертикалям из линий,
Что остаются от ливней,
Вновь намечая маршруты
Плавно летят парашюты,
Как и летали их предки,
Став для изогнутой ветки
Белой ажурной перчаткой –
В том ежегодном причастьи,
Как и души к жизни вечной,
Знак о любви, но, конечно,
Полу забытой квартиры
Чужды фантазии лиры,
И для него, для придурка
Сверху летит штукатурка.

Вечерний концерт Бобби Макферрина в Централ Парке

Коп замер, расслабляясь на посту:
Священная сольфеджио наука
Мгновенно унесла его по ту
Добра, должно быть, сторону и звука.

Два голоса, рождённых в унисон
И в терцию из центра Централ Парка,
В психоделический вводили сон,
Так, что у копа в такт стучала палка

Сама собой, и бляхи на груди
Постукивали, словно кастаньеты,
Когда простой сержант NYPD
Стоял и думал обо всём об этом:

Вся деятельность мощная людей,
Успехи в этом мире человека
Несут природе множество проблем
И засоряют напрочь атмосферу,

Покрыто дно отходом производств
Атлантики и прочих океанов,
Льды тают в Ледовитом и грозят
Подъёмом уровня воды на много футов,

Электростанций атомных не счесть
Истории конец нам предвещая,
Добыча сланцевого газа заразит
Подводных рек питательную воду,

Казалось бы, настал Армагеддон
И что природе предложить мы можем?
Один под солнцем выход всё же есть:
Покуда в Summer Stage поёт Макферрин,

Покуда льётся голосом сирен,
Звучит и завораживает песня,
Которая направит русла рек,
Куда им надо, и разгладит камни,

И даст животным робкую мечту,
Что коль одной мы с ними красной крови,
То на планете нас помирит всех
Весь этот джаз… А что своей природе

Мы можем предложить? И что спасёт
Ушедших, кто в потомков разум верил,

*И нас, и тех, кто будет там рождён,
Где так же радостно звучит Макферрин...*

Рельефность дерева теряется в ночи,
Лишь на посту, не покидая фокус,
Приятный глазу коп давно молчит,
Что необычно зрителю, и фокус

Скорее в том, что в сей вечерний час
Тиха природа также, и причина
Со следствием запутывают нас,
Пока поёт сиреною мужчина

И с ним на пару женщина. Вокал,
Как жертвоприношение, всесилен,
О чём и коп старательно молчал,
И небо, цветом неизбывно синим.

Предпоследняя ночь июля

В спокойствии пространства в вышине,
Там, где вовек проставлены цезуры,
Способны птицы, либо их авгуры,
Предсказывать судьбу тебе и мне.

Бескрайний и невидимый каркас
Бесцветных прутьев образует клетки,
Где крылья, в воздухе оставив метки,
Тем самым обнаруживают нас.

Мы – те, кому за ними наблюдать:
И зеркало над небом и над лесом

В полёте отражает мелким бесом
Себя в стремлении других создать,

И сад ночной с наличием плодов,
Чьи имена нисколько не похожи
На разных языках – их уничтожить
За шесть-семь дней не стоит и трудов.

И циферблат из лунного тепла,
Что обожжёт окно, ткань переплёта
Проколет стрелкой и пронзит кого-то
Там, под дождём из мутного стекла.

Праздник, который всегда

В ожидании праздника пишут в открытках стихи;
Если в городе есть, всей семьёй отправляются к цирку,
Где шатёр шапито, несмотря на коварство стихий,
Месяцами торчит из толпы, как из ватмана – циркуль.

Даже пишут на стенках понятную разуму муть
В ожидании праздника, и за углом без закуски
Чем-нибудь заполняют себя, и тогда кто-нибудь
С «ты меня уважаешь?!» начнет потасовку по-русски.

Вот такой коленкор. А потом бы успеть в магазин
До семи, чтоб доквасить, братаясь, в берёзовой роще:
Этот город любого туриста без пули сразит –
Все дороги ведут в нём на самую красную площадь.

Скатертей накрахмаленных, с ночи наглаженных брюк
В ожидании праздника здесь по квартирам без счёта,

И супруге по праву положен до пары супруг,
Чтоб им вместе висеть на Доске не любви, так почёта.

Мне знакомы любой переулок, тупик или сквер
В этом городе, что в оправдание каверзным будням
Выбирает лишь только одну из бесчисленных вер –
Веру в праздник. И он, поголовно уверены, будет.

* * *

Рассказать бы о том, как какое-то время спустя
Всё удачно, как будто бы ты заслужил, завершилось:
От вчерашней дилеммы остался, мол, сущий пустяк,
Как от «Что? Где? Когда?» – доброй памяти В. Ворошилов.

Будет так незнаком этим временем вскрытый итог,
Этот дом в декорациях, чьих чертежей не проверить;
Рассказать бы о том, чем заполнился белый листок,
Что сквозняк не унёс в навсегда приоткрытые двери.

В этом *после* закручена лампочка, и коридор,
Столько месяцев щурясь в проём в отдалённую спальню,
От испуга несёт половицами чушь или вздор
С точки зрения с детства в углу узаконенной пальмы.

И укрывшись портьерой, расслабленный солнечный свет
Не готов пережить столкновения с плиточным полом:
Рассказать бы о времени том, для которого нет
На сегодня ни имени, ни – в перспективе – глагола.

Прошлое

То, что становится «давно»,
Поддавшись общему почину, –
Всё так же существует, но
Уже не может быть причиной.

В ушедшем больше не растут:
Всё возвращается по кругу
И по сожжённому мосту
Идут влюблённые друг к другу,

По обрекаемым рудой
Стальным конструкциям, – забвенье
В них не ржавеет под водой
И месту встречи не изменит.

Безмолвие твердеет в такт
Часов «тик-таку» – весь солярий
Темнеет в перспективе так,
Чтоб запереть себя в футляре.

И как ухода образцы,
Семи холмов закроют тему
Волчицы вялые сосцы
В отсутствие Ромула с Ремом.

Городская топонимика. 1970-е

Зеленеют апрельские кроны,
Как в замедленной съёмке салют:

По утрам в тихий скверик Зенона
Забредает неведомый люд.

Он с таранкой потягивать пиво
Так старается, чтоб подустать,
Чтоб в аллею Камю торопливо
Уходить между делом поссать.

За углом, в переулке Сократа,
В ожидающий транспорт народ
Солнце светит, а также в плакаты,
Что зовут к Коммунизму вперед.

Мирно голуби мелкое просо
В виде завтрака тут же клюют:
Мимо кладбища им. Леви-Стросса
Пролегает маршрутки маршрут

К Мартин-Бубера микрорайону.
Миновав Канта имени вал,
Каждый видит: растёт неуклонно,
То, что в планах Платон рисовал,

Что всем строить придётся годами,
Кроме тех, кто под пиво – тарань,
Кто у сквера с названьем Гадамер
Продает иностранную срань.

Флаги ветер весенний полощет:
Где тупик Кьеркегора, туда
К центру, на Хайдеггерову площадь,
Дерриды добралась слобода.

А за ней, на Гуссерля проспекте
Не меняя классический вид,
Голубями обосранный, в кепке
Аристотель в пространство глядит.

В кумачовых простых украшеньях
К Первомаю убранство стола,
И в прозрачном саду Витгенштейна
Ветка сакуры вновь расцвела.

* * *

Идут часы. Тотально не везёт
С механикой такой непопулярной.
Лишь муравей в бессмертие ползёт
По скатерти, как к полюсу полярник.

Лишь эхом вечность катится в горах,
Хотя, как и любой предмет, причина
Его наверняка истлела в прах.
Лишь стрелки циферблата – мерно, чинно

Не по ошибке, не под анашой,
Как не-пространству, в общем, и пристало,
Сперва ускорят ход одной – большой,
И ход навеки остановят – малой.

По направлению к океану

Близка граница Новой Англии:
Повсюду яхты на приколе

И с белыми крылами ангелы
В апреле падают с магнолий.

Восток иначе, чем на западе
Встречает: ветер что попало
Пересчитает, даже запахи,
Как лучший ученик Каббалы.

С мост – расстоянье между штатами,
И светофоры несерьёзно
Вкушают «красный» виски шатами,
С зелёным намешав «шартрёзом».

От ритма нет с утра спасения:
Его в ай-фонах и на дисках
Легко по воздуху весеннему
Развозят велосипедисты.

С Катскильских гор, как внутрь кратера,
К слюде спускаясь океана,
Водители рефрижераторов
Рутинно доставляют прану.

И по утру себя отварами
Утешив, мыслю без задора:
Всё в рифму описав, ты варваром
Смотрелся бы в глазах Адорно.

Семейная фотография

Повторяемость оптики: достигнутая мгновенно цель
Порождает последствия. И позже совсем не важно,

Что для прошлого остается – отпечатком на линзах «цейс»,
В оцифрованном виде, в формате фотобумажном.

Всё, что было: взгляды, «рожки» пальцами – антураж
Из условностей, что и есть предмет фотосессий,
Превращает близкий образ в средний план, в типаж,
В чуждое «некто» – с жеманной улыбкой в процессе

Перехода из прошлого, что роняло привычно слова,
Что сморгнуло (реакция на увлечение фотовспышкой),
Рожи корчило – в статичность статуй, в знакомый едва
Персонаж объектива, далее сдавленный чёрной крышкой.

Снимок этот теперь не вместить в прожитый вместе миг –
Инородное тело, с коим будет проблема на совместимость;
Двух времен невозможный, возможно, смертельный микс,
С тем, что в нём исчезает с годами необходимость.

Не досталось ничего и грядущему – в безразличном *там*
Эти фотоулыбки и взгляды, будто залитые муссом,
Как бессмысленный имидж, отправит во вселенский спам
Потомок. А найдя фотокопию, навеки опустит в мусор.

Ночное

Вдруг ночью отопление само,
По типу ссоры, страшно заурчало:
Там женщина, которая кричала
С одышкой, как кричат борцы сумо,

Доказывала, что он ей никто
Уж много лет – и слышен голос мужа,

Хотя, так завывать могла б и стужа;
Ну, в общем, он уже стоял в пальто,

Когда вбежал сосед – и весь скандал
Теперь звучал на роковом фальцете
Так, что по комнатам проснулись дети;
Тут кто-то в грудь ножом кому-то дал,

И всхлипнул, завизжал водопровод,
Кровавая вода текла по трубам,
А труп? Ну, что теперь им делать с трупом?
А если кто-то вдруг сейчас войдёт,

Хотя три двадцать восемь на часах.
Но есть один единственный свидетель,
Которого б убрать, пусть и при детях,
Которого охватывает страх,

Ведь среди ночи сей свидетель – я,
И если ничего и не случилось,
Я это слышал: как по трубам билась
Убийства неизбежная струя,

Я даже видел: женщина кричит,
Вбежал сосед при уходящем муже...
И коль, товарищ следователь, нужен
Свидетель, то не быть им нет причин*.

───────────

И коль, товарищ следователь, нужен
Свидетель, то не быть им – сто причин.

Последняя дуэль русской литературы

22 ноября 1909 года на берегу Чёрной речки состоялась дуэль Волошина и Гумилёва

1.
Её таинственный и от рожденья присно
Из телефонной трубки голос серебристый
(Как дух горы, в чьём позабытом мифе никель)
Мужское тело, что в душе – наивный странник,
Протравит страстью, в результате сделав крайним.
De mortuis, хоть, aut bene, aut nihil*.

Под крышей, в студии театра Мариинки
«Орфей» от Глюка, словно снизу шли поминки,
Был узнаваем, ибо Федор пел Иваныч.
«Вам, недостойному, досталась Черубина
Де Габриак! Вы мразь, презренная скотина!» –-
Скандал костром смертельным разгорался на ночь.

И окружающие, как бы ни хотели,
Но понимали, что катилось всё к дуэли
Для двух поэтов «Аполлона», к оплеухе:
И звук пощёчины, и сразу лопнет кожа
Диагональю вдоль щеки, и вверх, о боже!,
От губ пойдёт и разорвёт за мочкой ухо.

Вскочили Анненский и Головин, Иванов
С Толстым столкнулся и обрушил звон стаканов,
Упавших на пол. .. Гумилёв же смог собраться, –-
И отступив назад под хруст стекляных крошек,
Его дрожащий голос услыхал Волошин:
«На Чёрной речке приглашаю вас стреляться».

«На Чёрной» — дежавю к той роковой развязке,
И если все пойдет по плану, в четкой связке
Нагрянет катарсис спустя почти столетье,
Ведь l'appetit vient en mangeant**, в известном смысле —
В тот век Серебрянный, что не чурался мысли
В поэзии быть первым, как и был в балете.

Таков алаверды А.С., да и Дантесу:
Отдать и жизнь, и дар, и с верой в поэтессу
Де Габриак отправиться в Гиперборею,
Как Аполлон на колеснице в те же дали;
Но ход истории закручен по спирали,
Чтоб к фарсу, на очередном витке, теплее.

Итак, застряв в снегу в своем авто, ужасно
Опаздывая к поединку, видел ясно
Свою кончину Гумилёв: от днища дула
Его последние мгновенья отлетают,
Как из дупла, и окружают темной стаей.
Но Гумилёва смерть как раз в тот раз надула.

Его соперник, без пяти лежа во гробе,
Застрял с извозчиком в чудовищном сугробе,
А выбравшись пешком, оставил в нём калоши.
И ветер вербы гнул, и гимны пели смерчи,
Но без калош наш дуэлянт не примет смерти.
Тем паче, бивший только в «молоко» Волошин.

Лишь через час нашли калоши секунданты,
Да чудо-дворники, как крыльями у Данте,
Авто, лопатами махая, откопали.
Уже достали из футляров пистолеты,

Хотя пыжей не оказалось — по приметам
В пока живой природе хуже не видали.

С пятнадцати шагов палить. И первый выстрел
Быть может и последним. Гимназистом
Ещё был Гумилёв в пари непобедимым.
От лютой ненависти бледен, как покойник,
Он целится в свою мишень — теперь спокойно:
Она на мушке-вдох и выдох-вспышка. Мимо.

И в тишине в ответ курок столь сухо щелкнул,
Как будто дверь закрыл последний на защелку
Из уходящих из теперь пустого дома.
«Осечка, что за черт!» — волошинская группа
Смотрела на стрелка потерянно и тупо,
А сам Волошин от волнения впал в кому.

«Ещё за вами выстрел!» — возопил соперник,
И за осечкой следом, что считалась первой,
Опять сухой щелчок. И вновь невыносимо,
Поскольку третий раз уже совсем убийство
И непристало дуэлянтам так вот биться,
Ведь в эпилоге — не сраженье, а Цусима.

«Финита, господа! Пора поставить точку!
Коль пуле не пробить сегодня оболочку
И высший судия ни чьей не озабочен
Победой, разойдемся мирно по квартирам, —
Решили секунданты, — тренируйтесь в тирах».
Без дела быть теперь кладбищенским рабочим,

Без трупа всей литературе декадентской,
Без дуэлянтов, часто пьющих не по детски,

Без исторической, спустя столетье, встречи
Когда в живот, и в снег, и всё не понарошку,
И перед смертью ждёшь моченую морошку...
И «Чёрной речкой» ты в истории отмечен.

А так, verweile doch! Du bist so schen!*** — что толку,
Коль ты смешон, оставшись в памяти потомков
С обидным прозвищем Калошин Вакс — и в позе
Героя, снявшего в дальнейшем славы пенки,
Муж Анны, что звалась в девичестве Горенко,
Н.Гумилёв, расстрелянный гораздо позже.

2.
Поэт, редактор и Маковского племянник
(И тоже Константин), то вдруг при всех помянет,
То шепчет перед сном: «Явись, о Черубина!»
Инфанта, поэтесса! В трубке голос томный
Читал стихи — хватило б их на многотомник;
А эта строчка: «... я умру в степях чужбины», —

Изящным почерком в письме, чей запах пряный
Духов неведомых перенесёт в нирвану
В конверте, где печать с девизом «Vae victis!»****.
Письмо со страстью, по-французски в каждой строчке,
Плюс голос довели редактора до точки,
Преобразив, на языке Мольера, в victime*****.

Сегодня вечером, в назначенное время,
За дверью голос победителем всех «Грэмми»
Раздался, а затем заверещали петли.
Маковский онемел, он ни живой, ни мёртвый

Ждал бесконечно: завязав узлом-восьмёркой
Себя пространство, подвигало их на петтинг.

Сейчас её увидит: губы, грудь и шею
И приближаясь, с каждым шагом хорошея,
Она коснётся... (спазмы! Срочно дайте ношпу!)
Но что вошло и там торчит, в дверном проеме?
Тяжёлый лоб, да ряд клыков в улыбке, – кроме
Услады голоса, сплошная хромоножка.

Мистификации конец. Мгновенно сжалось
То чувство жаркое и победила жалость
К себе, наивному, и к ней, невоплощённой.
Её таинственный и от рожденья присно
Из телефонной трубки голос серебристый
Звучал ему всё так же, только непрощённым.

*De mortuis aut bene, aut nihil (де мортуис аут бене аут нихиль, лат.) – о мёртвых хорошее или ничего
** l'appetit vient en mangeant (ляпети вьян а манжан, фр.) – аппетит приходит во время еды
*** verweile doch! Du bist so schen! (фервайле дюх! Ду бист зо шён!, нем.) – остановись, мгновенье! ты прекрасно!
****Vae victis! (ваи виктис!, лат.) – Горе побеждённым! Конверты от Черубины де Габриак, запечатанные чёрной сургучной печатью с девизом «Vae victis!», приходили в редакцию «Аполлона»
*****victime (фр.) – жертва; живое существо, приносимое в жертву божеству

* * *

До Централ Парка больше, чем квартал.
Ещё есть время. Встреченный прохожий,

Всегда на прочих встреченных похожий,
Похоже, вспомнил, как ты пролетал,
Под встречным ветром охладев до дрожи.

Должно быть, вспомнил, как подробно мел
Покрыл твой лоб, забил глаза – от страха,
Хоть дикий холод, вымокла рубаха,
Пока решался ты, и вот взлетел,
Визжа всем телом, от зубов до паха.

Над Централ Парком руки распластав,
Его деревья огибал кругами,
Его озёра, что как на пергамент
Упали кляксами, – и в образе креста
Ты зависал далёким оригами.

Ты знал тогда, что в следующий раз,
Всё будет и больней, и беспощадней,
Катастрофичней, ибо для исчадья
Пощады нет, и нет того, кто б спас
Того, с кого вовек не снять печатей.

И неблагословенный сей полет,
Что дерзости сродни и вдохновенью,
Не повторится больше ни мгновеньем,
Ни помыслом, чей роковой черёд
Не представим иначе, как паденьем.

Ещё есть время. Есть ещё пути
К преображенью и свободе, ибо
Ты можешь не взлететь, а снизу рыбой
Вплыть в Централ Парк, чтоб никогда найти
Тебя не смог тобой взращённый идол.

Если все-таки он есть

Я оттого и не сошёл с ума,
Что шёл во сне; не умер от удушья,
Когда, уткнувшись всем лицом в подушку,
С неё спускался, как в ночи с холма.

Возможно, это был кошмар ночной,
И было незнакомо время года,
И неизвестно, сколько здесь народа,
И почему он следует за мной.

И кто они? В присутствии толпы,
С устойчивым в ней запахом телесным,
С гудящей и вослед плывущей бездной,
Что столько серебра истёрла в пыль,

Я узнавал по избранным чертам –
ЕГО: в ершистом инвалиде сбоку,
В котором не увидеть связи с Богом,
Ну, разве в том, что не умрёт он сам;

В младенце, жадно стиснувшим сосок,
На мать косящим ненасытным взглядом;
В охотнике, что брёл охотно рядом,
На грудь принявшим как всегда чуток;

В густых оливах, что спускались вслед
Толпе, теснясь на неуютном склоне
И в спину тех подталкивая, кто не
Распознавал вдали застывший свет;

В раскрывшемся над нами, в вышине,
Куда не долетит горячий ветер,
Таком знакомом и чужом портрете;
Во взглядах, обратившихся ко мне,

Пока я вёл толпу, и твёрдо знал
Весь путь, свои определявший цели
По всякому препятствию, что стелит
Он перед нами: пропасть, перевал,

Сухой кустарник, рвущий тут же в хлам
Одежды, камни с пылью под подошвой,
И спёртый воздух, нестерпимо душный
Не только здесь, возможно, но и там.

Я брёл, как-будто бы я знал – куда,
И знал – зачем, по звездам путь сверяя,
Но люди шли за мной, мне доверяя,
И я сгореть готов был со стыда,

Поскольку ничего им объяснить
Не мог бы: кто, зачем, куда, как долго?
Ведь всё, что происходит – вроде долга,
Который не на кого мне свалить,

И не с кем разделить, как делят хлеб,
Как делят навсегда и сразу судьбы:
Я был один, и смежные сосуды
Не сообщались. Вот тогда бы мне б

Проснуться, но в ночи не мог никак
Открыть глаза, услышать автостраду,

Что за окном который месяц кряду
Звала. И наволочка, что наждак,

Мне стёсывала профиль, и лицо,
Спускаясь по подушке в неизвестность,
Входило в ту толпу и в ту же местность,
Где оставляют не анфас – кольцо.

И всё, о чем догадывался в том
Моём возможнейшем из сновидений:
Я их веду, без пищи и без денег,
Туда, где всех нас поведёт потом,

После меня, подобием чтеца,
Что следующую прочтет страницу,
Тот, кто войдет в анфас, кому приснится,
Что свой маршрут он знает до конца.

Монолог Гамлета

До-словный перевод: фонетическая версия (каждый может продолжить)

Hamlet: A monologue from the play by William Shakespeare

To be,   or not   to be – that is the question:
Труби, Арнольд, труби! Зад из-за клещи:

Whether 'tis nobler   in the mind to suffer
Визажист – но, бля! – изымает тут шафер.

The slings and arrows of   outrageous   fortune
Веслим-с, Бандерос!   Ох, а вот рейнджер с порчей

Or to   take   arms   against   a sea of troubles
Во рту стейк «Хармс», эгей!, наст осин во грабли-с

And   by   opposing end them. To die,   to   sleep –
Кент* бабай опоссум мент тем. Туда ай, тут всхлип –

No more – and   by   a sleep   to say   we end
Но мор – кент бабай э-э всхлип трус, ей, Вилен

The heartache, and the thousand   natural   shocks...
Захаркай, эк! Энди в соусе, н-да! Нейтера** шок-с...

Etc.
След сеттера.

* кент - не анг., кореш (бл. жаргон)
** еврейская фамилия (к примеру, Даниил Нейтер – фотограф

Вероятности

1.
Прикрыта дверь. Узка полоска света,
Как в светлый день, прищуриваясь, смотрит
Усталый глаз, пока всю тяжесть с века
Снимают прочь не «тайленол», так «мотрин».

Щель, заполняя вертикаль, имеет
Способность расширяться, что в итоге –
Путь к энтропии, если кто посмеет
Войти, а не, что проще, делать ноги.

И там, в задверье, не фотогеничен,
Во вспышках молний, чтоб легко запомнить,
Раздастся крик, что сразу же коничен
От губ – в пространство уходящих комнат.

2.
Дверь приоткрыта. В шаге от порога,
В начале света, что горяч в ладони,
Протянутой навстречу (не потрогать,
А расствориться, что любой гедоник

Вам подтвердит); в начале безрассудства,
С простительными мыслями о лучшем,
Когда идёшь навстречу, как на суд свой,
Всё потому, что в щель пробился лучик,

В одном лишь шаге, в долгожданном миге,
Которому заведомо лучиться,
Где ты – закладкой в позабытой книге,
На месте, в коем счастью и случиться.

3.
Распахнутая дверь. В проёме мутном
Кому-то виден выход. Вход – кому-то.

4.
Дверь заперта. Лимит попыток выбран.
И это тоже чей-то трудный выбор.

5.
Воображения неведомые д (з)вери.

* * *

Зима в начале февраля
В таких местах, как графство Берген,
Ручная, словно словаря
Печать времён до Гуттенберга.

С утра покров, чей редкий пух
Как будто лёг по приглашенью
И в память о прошедших двух
Бесснежных месяцах – в смущеньи,

В полдюйма выпав высотой.
Двор сразу выглядит, как новый:
В нём мальчик с девочкою той –
По росту и пальто дюймовой.

Они, как пара зрелых душ
Предвидят, лепят, осеняют,
И поправляют на ходу,
И всё уже об этом знают.

Он перед ней, как юный бог,
И чьим-то позабытым жестом,
Дюймовочка его то в бок
То в спину поддаёт по-женски.

Всё розовее круглый снег
В её руке, и несердиты
Две бабы снежных, что в окне
Явились мне, как Афродиты.

Верней одна, как Афродит,
Та, что по замыслу есть парень –
И не мигая, в двор глядит
Неловко слепленая пара.

С утра начавшись, вышел день.
Под вечер разгулялся ветер,
Затем на небе бросил тень
Снежок туда, где были дети.

И сразу жизнь, как истекла,
И стал словарь от слов чернее:
Теперь, до первого тепла,
Он постареет вместе с нею.

* * *

Когда-нибудь, когда мне умирать
Объявят час (допустим, будет вечер),
Я, больше из желанья подыграть,
В настенном зеркале с собой назначу встречу
В последний раз. И расстелю кровать.

Налью в стакан покрепче алкоголь –
Нелёгкий путь и дальняя дорога
Мне предстоят; и, вероятно, боль
Когда душа без тела, понемногу
Свыкаясь, подберёт другую роль.

У прикроватной тумбочки торшер
Ночной включу, и что-нибудь из Баха

Поставлю: Глена Гульда, например,
Из «Гольдберга». И, не трясясь от страха,
Скажу сквозь зубы: «Здравствуй, Люцифер!», –

Прорепетировав, должно быть; а затем
Улягусь, и прохладна будет простынь,
И дом замрёт, и, непривычно нем,
Глаза закрою – в этот раз непросто
Их будет закрывать. Как насовсем.

Глаза закрыв, я лягу на бочок
По маминому мудрому совету,
Покрою простынёй своё плечо
И выключу торшер. Теперь, без света,
Мне легче будет думать ни о чём.

Осталось ждать. Ещё налить грамм сто?
Хотя, для поддержанья настроенья
Вполне достаточно. Как будто ты мостом
Отсюда переброшен вверх, где тени
Тебя ещё не принимают в мире том;

И словно слышишь: рядом засопел,
Приятно и нестрашно, как бывает
Ребёнок – ты, кто за день всё успел
И в этот миг к Морфею отплывает,
Туда, где вашей с ним судьбы предел.

Он, в странном сновиденьи, со спины
Тебя обнимет, чтобы вам согреться,
Скуля, что в смерти нет его вины,
Уснёт в одном из снов твоих из детства –
И будут все из снов твоих видны.

Прощание

Посвящается Е.Г.

Сталинской постройки отчий дом
С крупными балконом и лепниной –
Сорок лет спустя, сквозь сон, с трудом
Блудного припоминают сына
На втором знакомом этаже
Комнаты и прочие предметы;
Дверь балкона, как бы неглиже
Завернувшись в тюль; осенним ветром
Окна, доведённые до слёз
Нашей встречей, мерзостной погодой,
Тем, что мокрый ветер вдруг вознёс
Бывшего жильца парить над входом.

Он, в каких-то метрах от земли,
Наблюдает то, что только птицы
И деревья наблюдать могли:
Всё, чему внутри дано случиться –
В интерьере, в прожитых годах
Здесь, давно, а не вдали от дома,
Где в финале, будто Дональд Дак
Всё довёл до жуткого погрома,
Где любой незначимый повтор
Провоцирует исправно клоны,
Что, как описал бы Абильдгор,
Есть кошмар на палево-зелёном.

Сорок лет спустя влететь сюда,
Вслушиваясь в те былые звуки,
Как в вердикт верховного суда,
На который вызваны и внуки,

Вроде бы к квартире не при чем,
К тем её немецким гарнитурам,
Что, всеосиянны кумачом,
Были частью быта и культуры
Вкупе с пианино: акварель
В немудрёных пластиковых рамах
С книжною «подпиской» – натюрель
Чёток их посыл, как в телеграммах.

И свозь стены слышен разговор
Кухонный. Похоже, воскресенье.
Дети побегут играть во двор
Чуть попозже. Давний день осенний,
Папа говорит, и у плиты
Мама куховарит, отвечая.
Задыхаясь здесь от немоты,
Я средь них. Никто не замечает
То, что сын вернулся и ему
Надо бы сказать о чём-то важном,
Что известно только одному
В целом доме их многоэтажном.

Словно время продолжает течь
Точно так же, и уже посуде
Предстоит на стол привычно лечь,
И картошку подают на блюде.
Входим мы с сестрой, садимся за
То, что едоков объединяет
Навсегда, но много лет назад
Вряд ли кто-нибудь об этом знает.
Лишь проснувшись через столько лет,
В воскресенье в магазин спустился

И узнал в какой-то из газет:
Дом снесли. Он так со мной простился.

Общий вид крупным планом

Вид из окна на тихий городок,
Который не дано представить тише:
Дорога вдоль окраин на восток,
Да памятник при мэрии – вещдок
Во славу местным подвигам и иже.

Воскресной службы колокольный звон,
Объёмный и не громкий, как обычно;
Корейских прачечных привычный фон –
К «Макдональдсу» с трёх-четырёх сторон –
Что в наше время выглядит логично.

На площади у школы пустота.
Шериф в машине наблюдает Вечность,
Похрапывая. Мальчик просто так
Гоняет в сквере рыжего кота,
Покуда не наступит долгий вечер.

Открыты и «Старбакс», и магазин.
Считает под заказ развозчик пиццу,
Пока к заправке подвезли бензин.
Здесь вместо следствий длинный ряд причин,
И ничего здесь больше не случится.

Теперь рассмотрим трещину в окне –
Она ведь существует неслучайно,
И сквозь неё всё тот же белый снег,

Всё тот же городок, и как во сне
Она преобразует все печали.

В её витражной плоскости дома
И площади, «Старбакс», бока цистерны
От бензовоза, – словно бы с ума
Сошли, и разноцветными флома-
Стерами выведут ландшафт из терний.

В окружностях, в отрезках вдоль стекла,
Что создают божественный орнамент,
Наружные детали, как смола,
Налипли, и теперь раскрытый клад
Сродни пейзажу даже именами.

Все частности собой соединив,
Стекло благодаря одной из трещин
Какой-то неземной цветной мотив
Воссоздаёт, и вслед за ним шериф
По доброму руладой храп расплещет.

Как собранный в сплошной калейдоскоп,
Провинций дух воспрянет, и по крышам
Пройдёт с такой неведомой тоской,
С такой надеждой, с верою такой,
Что будет в вышине теперь услышан.

И так легко, шутя преобразит
На зависть всем учёным и умельцам
Тот городок, что даже стоматит
Везикулярный больше не грозит
Здесь ни котам, ни в прачечных корейцам.

Игра «Нокаут» *

Всё есть игра. У истинных мужчин,
Тем паче, коль исполнилось пятнадцать,
Нет объективно никаких причин
В боях без правил не соревноваться.
Играй, адреналин!

На стадионе в Риме два бойца,
Сроднённых греко-римскою борьбою,
Сражались до победного конца,
Порой встречая смерть на поле боя.
Виват им, храбрецам!

Ковбой на Диком Западе, чья честь
Дороже жизни и достойней смерти,
Доказывал сопернику, что здесь –
То место, где страдать не может Вертер.
Убей, пока ты есть!

Шахид, с холодной ненавистью в путь
Отправясь на рассвете, знает точно,
Что следует казнить кого-нибудь,
Как и твердил ему первоисточник.
Лишь был бы ровен пульс!

Когда на стенку стенкой, массой всей
Вбивая арматуру снизу в челюсть,
Ударом от плеча под хруст костей
В кого-то попадёшь, уже не целясь –
Гнев праведный посей!

Что, впрочем, просто зверство. Игроки
Во много раз гуманней, чем убийцы,
Им не нарваться бы, им не с руки
В дворовой сече напрягать свой бицепс,
Как средство от тоски.

Им подворотня – сцена и кулис,
Без лишнего свидетеля, прохлада,
Они не выйдут кланяться "на бис",
Им в первом акте вручена награда:
Ударом сбитый вниз.

Бой без накала роковых страстей:
Должно быть тихо место; лучше – вечер;
В нём ты, прохожий; пред тобою тень,
Что движется расслабленно навстречу,
Коварна, как Кащей.

Не бойся: это сказка, в ней вот-вот
По воле тени волшебство случится,
И в подбородок жуткий апперкот
В тебе, прохожий, ядом растворится
И алым склеит рот.

О, радостных мгновений торжество!
И ты, безмолвный, в той игре напарник,
Соперник, что повержен с одного
Удара, что повален встречным парнем,
Как валят божество.

Его триумф (пусть ты не ожидал,
Не представлял, идя себе куда-то,

Что вдруг, исподтишка такой удар,
Который сдавит болью каждый атом,
И стиснет, как удав) –

Так радостен его триумф и чист,
И смех друзей, что подойдут по двое
Рассматривать тебя: как ты молчишь,
Как ты лежишь, не плачешь и не воешь.
И не идут врачи.

Причина их восторга, пацанов
С тобой сыгравших, как играют в мячик –
Лишь ты, зане явившийся из снов,
Их снов о том, как становиться мачо.
Так будь теперь готов!

Ведь где-нибудь какой-то патриот,
Неонацист – узбека враз замочит,
Поскольку тот в его в стране живёт
И потому останется без почек.
И ножиком в живот.

А тут – в игре ликующей толпы,
Подросткам в славном городке Хобокен
Случайно на глаза попался ты:
Не проклинай богов, ведь эти боги
Перед тобой чисты.

Ты, оправданье праздника, предстал
Не в лучшем виде агнцем: льёт из носа
И изо рта, и, словно подустал,

Теперь приник виском к бордюру просто.
Ты анекдотом стал.

Так что ж сердиться, вызывая смех,
И сострадания ждать, и чувств глубоких?
Возможно, вновь ты первородный грех
Взял на себя, войдя в сей час в Хобокен
Не с теми, не для тех.

Knockout – ставшая модной осенью 2013 года, «игра» чернокожих подростков в нью-джерсийском городке Хобокен. Жертвой может стать, кто угодно: мать с ребенком, почтальон, школьный учитель. Жертву выбирают без всякого повода. Когда она проходит мимо подростка или группы подростков, неожиданно наносится нокаутирующий удар снизу в подбородок. Вид падающего без сознания человека хобокинских подростков необычайно веселит. Судьба жертвы и её состояние их не интересуют. Один из случайных прохожих, получивший нокаут, скончался.

Последний ангел-хранитель

Дикий ангел, людьми пока
Не прирученный, возможно,
Последний из этой свободной стаи
Неприкаянных бледных созданий
С овальными грустными глазами,
Горящими испепеляющим светом,
Пролетал плавно и тихо
Человекоподобным облаком,
Чьи очертания были так узнаваемы,
Словно ты сам совершал этот
Последний облёт выгнутого
Тебе навстречу всего земного,
И словно ты сам смотрел

С захватывающей дух высоты
На уходящее за горизонт
Земное, и словно ты сам
Осознавал, что это земное внизу,
Стоит приблизиться к нему ещё
Плотнее в колеблемом
Во все стороны воздухе,
Всё земное внизу обратит
Твои белые вечные крылья
В две гранитных неповоротливых
Плиты, которые станут громыхать
За спиной, тянуть вниз и вниз,
Выворачивая ключицы,
В два крыла, которым
Отпущено ровно столько,
Сколько тяжелеть граниту;
Словно ты сам понимал,
Что никогда никогда никогда
Уже никогда больше не увидишь
Всё земное, шевелящееся,
Разлагаемое, взрывовидное
И сгораемое в своём огне,
Ибо, словно ты понимаешь,
Это и есть внизу перед тобой
Ад кромешный, о котором тебя
Предупреждал отец, предупреждали
Не приближаться больше к этим
Местам, где столько уже ангелов
Погибли, стольких приручили,
Ощипали, как убитую птицу,
Стольких ангелов с овальными
Грустными глазами: и он,

Отталкивая легкими белыми
Крыльями вечерний воздух,
Взлетает мгновенно ввысь,
Словно облако сразу растворяется
В прощальных лучах заката,
Становясь розовеющей на прощанье
Длинной ресницей горизонта,
Растворяется навсегда, навеки,
Оставляя маленького мальчика,
Наблюдавшего за странным,
Прозрачным и на кого-то похожим
Облаком, надеяться, что впереди
Ещё много дней и вечеров жизни,
И когда-нибудь он увидит
Это же облако, когда станет взрослым,
Когда ему будет много-много лет,
Когда ему будет лет двадцать,
И облако спустится на землю,
Плоскую и пригодную для посадки,
И облако никуда не будет торопиться,
Как сегодня, и никогда больше
Не исчезнет, потому что,
Даже став взрослым,
Большим двадцатилетним
Взрослым, никто его не сможет
Убедить, что облака улетают
Лишь потому, что наступила
На земле надолго чёрная ночь.

Убитые в Занесвилле*

Их трупы свезены на задний двор.
Фотографы снимают. Фотовспышки,
Подобно быстрым выстрелам в упор,
Жертв освещают. Полицейский крупный,
Как анти-Ной, мнёт тварей и с одышкой
Кладёт квадратный номерок потрупно.

А в телерепортаже журналист,
Событием таким весьма встревожен,
Кося в дрожащий от волненья лист,
Перечисляет: «... восемнадцать тигров,
Семнадцать африканских львов, о Боже!
Всё остальное дочитайте в титрах.

Владелец, клетки все сперва раскрыв
И выпустив животных на свободу,
Экологический устроил взрыв!
Затем свёл счёты с жизнью, а в местечке,
Здесь, в Занесвилле – двадцать тыщ народа,
К тому же этот кризис ипотечный!

Короче, сплошь трагедия! Шериф
Издал приказ, чтоб расстрелять животных:
Пока последний хищник будет жив,
Мол, под угрозой наша безопасность!
Наземных полицейских, даже водных
Сюда нагнали столько – нету спаса.

От общества защиты всех мастей
Животных поступают сообщенья,

И накаляет уровень страстей
Всего-то выживших две обезьяны,
Три леопарда, гризли – их спасенье
Лишь операции зачтёт изъяны.»

Кончая запись, телеобъектив
Прошёлся по печальному плэнеру,
И зная, что здесь траурный мотив
Для телезрителя усилить надо,
Стандарт при этом не забыв и меру,
Всласть оператор укрупняет «садо».

Шериф от Занесвилля заявил:
«Беда случилась и животных жалко!
Убитых сорок восемь, и нет сил
Смотреть на трупы, но одну макаку
Не мы, а гризли сжал в объятьях жарких,
Да волка труп нашли за буераком.

Закрыты были школы, на пути
По всем хайвеям развезли сигналы,
Чтоб рядовой водитель обратил
Внимание: «Не покидать машины!»
Весть передали всем телеканалам,
Попрятали домашнюю скотину.

Да, надо было жителей спасать!
Когда бы гризли деток удавили,
Кто б отвечал? Вчера был город-сад,
Наш Занесвилль, Огайо, а ведь просто,
Как в фильмах ужасов, в ужасном стиле
Шли б в пищу мы по весу и по росту.

*Я представляю это дело так:
Когда бы наши предки у пещеры
Увидели грозящий жизни знак,
Что пробивает роковою дрожью,
Мысль родилась тогда бы самой первой:
«Поймать его, схватить и уничтожить!»*

*Спускался вечер. Телерепортаж
Почти готов, и закурил помощник,
И местный уморительный алкаш
С привычной песней как «деревья гнутся»,
Смотрел на спящих бестий, как на мощи.
А мощи крепко спали. Не проснуться.*

* 19 октября 2011 года в городке Zanesville, штат Ohio, по приказу шерифа были расстреляны 48 экзотических животных, выпущенных на свободу из своих клеток владельцем частной зоофермы Muskingum County Animal Farm. На свободе оказались 18 бенгальских тигров, 17 львов, шесть черных медведей, три кугуара (mountain lions), гризли, волк, бабуин... Впоследствие волк был найден мертвым.
Владелец фермы Terry Thompson, отпустив животных, покончил жизнь самоубийством в знак протеста действий против него соседей и местной полиции. Только шесть животных – трёх леопардов, гризли и двух обезьян – удалось поймать. Они были отправлены в зоопарк Columbus Zoo.
Остальные животные похоронены на Thompson's farm.

* * *

И тот – не я, и этот, и другой –
опять не я, живет на этом свете.
Сейчас листок каракулями метит
Незнамо кто. Какой-нибудь "гуд бой".

С ним по утрам здороваются дети,
Он ежедневно спит с моей женой,
И отразится в зеркале не мной,
По ходу отраженья не заметив.

И это хорошо, ведь, боже мой,
Так всё известно, и за всё в ответе,
А тут: и некролог не мой в газете,
И чьи-то шмотки доедает моль.

* * *

После лета, еще накануне зимы,
Есть какие-то год иль полгода,
Когда нам неуютно и странные мы
Покапризней бываем погоды.

Бьются капли о листья и брызги летят
Светлячками, как было в июле,
Но свербит, беспокоит какой-то пустяк,
Будто нас просто так обманули.

Вроде есть листопад, и цветные листы
Разбросал одинокий читатель,
Чтоб их кто-то заполнил, желательно ты,
Но звонок отвлекает некстати.

Даже в небе полёты стремительных стай,
Создающих ажурный орнамент,
Не волнуют – никто б любоваться не стал
Как они там любуются нами.

Равно как не моргая, от счастья слезясь
Смотрят снизу восторженно лужи
На прохожих, которым, похоже, нельзя
Отраженьем себя обнаружить.

Ибо тотчас вступаешь с ненастьем в игру,
Что сегодня, навеки и присно,
Что развеет тоску непогоды и грусть,
Если б не были мы так капризны.

Эклога I. Двое в горах

– Как в безмолвных отверстиях флейты рождается звук
Чувством выдоха, жадным стремлением к жизни, руками,
Так в горах для мелодий хватает каких-нибудь двух
Инструментов, и чаще всего – это ветер и камень.
В незнакомо звучащей тональности горной гряды,
В безучастных симфониях чуждых вершин и ущелий,
Что твои, музыкант, означают сегодня труды?
В чем твои, называющий ноты, желанья и цели?

– Да, не странно ли то, что в краях, где играют ветра,
Замещая прекрасно поэзию, музыку, танец,
Кто-то средств выражения ищет иных, наиграв
То, что в форме искусства в искусственном виде предстанет.
В каждодневных шедеврах ландшафта нет места ни мне,
Ни тому, что зовём вдохновеньем, поскольку от вдоха
Моего, от танцующих пальцев ничто в тишине
Не зависит – здесь звуки являются сами, от Бога.

– Вот, ты сам и свидетель ненужности праздных трудов:
Ни от поз музыканта в горах ничего не зависит,

Ни от выдутых флейтой каких-либо «фа» или «до»,
Ни от самой красивой, законченной в музыке мысли.
Здесь есть всё, и добавить хоть ноту к гармонии сей
Так же самонадеянно, как и, должно быть, опасно,
Ибо тайна великая – звука – положена в сейф
Бытия, и надежда открыть его, парень, напрасна.

– Да, всё так, но подобно в великих горах валунам,
Что по склонам разбросаны в их самобытном порядке,
Оттого и представлены разными звуками нам,
Коли ветер течёт между ними – и в этом загадка
Их различия, знак их присутствия в мире вещей,
Так и мне, чтобы знать, что я есть и не схожий с другими,
Важно просто в мундштук, сквозь его безымянную щель
Сделать выдох – победным, живого над мертвенным, гимном.

Эклога II. Юноша и старик

– Судьба сродни салонным буриме:
Случайные рифмованные пары,
Возможна тема (главный элемент
Залога в том, что жизнь пройдёт не даром).
Послушай: при удаче, всё сложить
Тебе дано, счастливчику, быть может,
Но как сейчас свою ты видишь жизнь?
Чем, расскажи, она тебя тревожит?

– Я молод – это раз, удачлив – два,
Тщеславен – три, и не богат – четыре:
Ближайший год закончится едва –
Мне равных никого не будет в мире.
Есть бой, есть упоение в бою:

Ты покоряешь только те вершины,
Что сам себе создал! – Я узнаю
В твоих словах не юношу – мужчину.

– Преодолеть препятствия, расти
В своём уменье убивать и строить,
Врагов не пощадить и не простить,
Когда страна прикажет быть героем.
Поступок, равный мужеству, дела
Для летописей, для легенд и мифов:
Мать для того мужчину родила,
Чтоб в жизни наслаждался каждым мигом.

– Ты думаешь? – Сомнений в этом нет:
Всё, что любовью создал или местью,
И есть итог овеществлённых лет,
Предмет твоих и гордости, и чести.
Прийдя никем, ты строишь свой успех
Хозяином удачи – в результате
Ты победил. В известных смыслах всех,
Ты состоятельнее прочих, кстати.

– По своему, ты прав. Пусть всё дано,
Под видом рифм и темы, изначально,
Но почему-то к смерти суждено
На путь прошедший посмотреть с печалью.
Везёт, коль в этой жизни ни на что
Ты не решился: море с лёгким бризом
Достигло совершенства, равно шторм –
Предвестник краха – к катастрофе близок.

Достигни совершенства. Пусть твой путь,
Что предстоит тебе идти до гроба,
Закончится быстрей когда-нибудь,
Пока его ты не испортил пробой
Пера и шпаги, подвигом, своим
Обыденным трудом и ратным делом.
Пока весь мир, что недооценим
Тобой, ты не пометил бренным телом.

Кровать, подушка, бледный цвет лица.
Взгляд юноши прошёлся по морщинам
Сквозь диалог, что длится без конца
О том, что значит в мир прийти мужчиной.

Эклога III. Убеждение

– Ты видел сам, как в эту непонятную
Ночь ничего вокруг не изменилось:
Всё та же лужа с побледневшим илом,
Да ветром нервным в ней луна измятая.
Всё те же звуки поздние, осенние,
Как сырость, прорастают по подъездам,
И лист, зависший с полночи над бездной,
Так провисит до утра воскресения.

– Да, это так. В крови всё соли столько же,
Как и в дожде, и в глине придорожной;
Всё тот же год, который, в общем, прожит,
И продавцы бессменные за стойками.
И толь на крышах мокнет с той же спешностью,
Чтоб покиношней с птичьего полёта

Был вид на город, что для самолёта
Пункт назначенья с большей неизбежностью.

– Всё, вроде, не течёт и не меняется
Из года в год: осенняя распутица,
Туман с утра, как занавес опустится,
И дверь в гараж со скрипом невменяемым
Откроет путь для лиственного, зябкого
Потока, как для гостя нежеланного,
И в пору бы начать делиться планами
Со столь же безутешною козявкою.

– Да, это так. В пределах постоянного
Есть равенство как вдохов, так и выдохов,
За исключением последнего, как выхода
Почти в себя, в дальнейшем безымянного.
Ты видишь сам: не знать бы откровения,
Когда б не превращалась дождевая
Когда-то капля (может, в прошлом мае?)
В ледышку под ноябрьским дуновением.

Эклога IV. В пути

Февраль. В сугробах подтекает снег,
С утра туман разлёгся полусонно,
И путники бредут как бы во сне
Почти по Евпатории с Херсоном.

– Легко сравнить: в Нью-Йорке та же взвесь
До середины марта, хлябь и лужи.
– В воспоминаньях ты сегодня весь?
– Похоже, да. При том, ещё простужен.

– Бывает. Здесь ведь та же маета,
Не прекращаясь, снег с дождем всю зиму –
Почти одна и та же широта
С далекой Малороссией и Крымом.

– И оттого, приятней мне вдвойне
Испытывать привязанность к тем странам,
Что втайне расстаются с жизнью, – мне,
В Империи рожденному, и странно
Звучит: в той, знавшей, что обречена.
– Империи, как снег и дождь, похожи:
И та, что от рождения дана,
И та, в которой четверть века прожил.

– Судьба их не зависит от того,
Насколько им присуща власть закона
И сохранён веками статус кво
Всемерной хищной волей фараона.
В конце концов, предчувствием полна
И, как колосс, готова развалиться
Империя всегда обречена,
Гнить начиная со своей столицы.

– Нам повезло: приехали туда,
Откуда в прошлом долго уезжали:
Здесь снег с дождем, там снег с дождем всегда...
– Хотя, сие не повод для печали.
Не нам, смурным потомкам атлантид,
Помпей и Киева, Москвы, Афин и Рима,
Грустить в Нью-Йорке. – Дождь стеной стоит,
И, с нашим счастьем, не проходит мимо.

Эклога V. Покинувшие город

За городской чертой густая тишь.
Плетутся двое полуночным трактом,
Судьбу оставив за плечами, лишь
Грядущее насытив гулким страхом.
В сумах остатки хлеба, за спиной
Останки города, уже читай, руины,
И светлою дорогой под луной
Их путь лежит, бессмысленный и длинный.

– Любую вещь возьми, любой предмет
Что составляет наше окруженье:
По сути, зла в его природе нет –
В ладони камень не начнёт движенья,
Пока не сократится группа мышц
И не пошлёт его в мишень напротив.
Выходит, зла причина – это мы?
Зло – в нашей, человеческой природе.

– Ты говоришь о том, что «повезло»,
Хотя добро присуще всякой вещи,
Её всегда употреблять во зло
Обычно людям. – Что звучит зловеще
И безысходно. – В мире неживом,
Где множество и бытие, и смыслы,
Есть только «ВСЕ», есть память ни о ком,
Есть доброта, что заменяет мысли.

– Постой, не продолжай. Не хочешь ты
Сказать, что «ВСЕ» – добро, а «я» – смертельно,

Как вирус, что несёт в себе черты
Проказы на почти здоровом теле.
– Всё так. Поверь, на уровне любом
Один закон бессмертию и тлену,
Народу и правителю, при том
Что зло «все»-поглощает неизменно.

– Иначе говоря, «все», что народ,
И всё, что хорошо в нем изначально,
Правитель по закону отберет,
Поскольку правит зло. – Как ни печально,
Но это так: безликая толпа,
Как камень на ладони, выбирая
Кого не важно и не важно как,
Летит в другую сторону от Рая.

– И хуже будет, видимо, «в разы»…
Они все шли и шли, еще надеясь
Что доведёт до Киева язык,
Где будет, с кем делить свои идеи.

Эклога VI. Правитель и супруга

– Моя дорогая, сегодня прекрасные сводки.
Скажи, пусть накроют нам ужин на Южной террасе.
Позволю немного вина, чтоб расслабиться; водки
Ты тоже позволь – алкоголь эксгимнастку украсит.
Война никогда не кончается, но за этапы
Победные провозглашу лаконичные тосты,
Чтоб, как тараканов давили домашним мы тапком,
Так наших врагов нам мочить бы беззлобно и просто.

— Мой милый, и в мирное время достаточно стрессов,
Тем более, если враги край родной окружили.
Мужчина – владыка, и он, по природе агрессор,
Быстрее в атаке стрелы и подобен пружине.
— Но как-то, я помню, ты мне говорила, что счастья
Ещё никому не смогла принести агрессивность?
И в Ветхом, и в Новом Заветах приводится часто:
Из слабости это, и здесь не поможет ни ксива,

Ни охлоса всюду поддержка, ни нефть и ни газы...
— Но сила в природе бьёт слабость, и встретившись с нею,
Всегда нападает, и рвёт, и кончается сразу
Смертельная схватка победой того, кто сильнее.
— Но как-то, я помню, ты мне говорила, что сильный,
Поскольку агрессор, вот это и должен бы помнить,
Что значит – себя ограничивать, ибо, в их стиле,
Ответственностью небеса наделили по полной.

— Считаю иначе теперь: небеса виноваты,
Что надо спасать от врагов честь страны и народа,
Но, если придётся, напасть и на младшего брата,
Ведь родственной крови намного дороже свобода.
Ты будешь, припомни гадалку, и самым великим
В истории, и безраздельно использовать право
Своих унижать, отводя от державы то лихо,
Что в стане скрывается, если не в левом, то в правом.

Ведь сила и есть справедливость, и буква закона,
Её пронесёшь, передав нашим детям и внукам.
— Да, наглость, коварство и воля мои неуклонны,
И правят светилами, техникой, спортом, наукой,

Они же и есть оправдание всех наших действий,
Они же любовь – та, вселенская, божья, чья милость
Вершит на земле суд святой и, конечно, третейский,
Хоть полгосударства сведёт, вероятно, в могилу.

– О, муж мой! Тебе исполать! Ты послужишь народу,
Что, имя твое повторяя, встает и ложится...
*Внесли полотенца и в кубках лимонную воду,
И голубя мира пустили – пусть вольно кружится.
Все свечи зажгли и закуски лоснились на блюдах,
Садилось невинное Солнце за нивы и пашни.
Всё больше толпилось в прихожей служилого люда.
Всё больше убитых в далёких боях рукопашных.*

Эклога VII. На берегу

*Суда на якоре. Вдоль бухты
Гуляет ветер, и волна,
Уйдя, вытягивает буквы,
Что на песке нашла она.
Под вечер небо голубое,
Под ним сидят на валуне,
Бросая гальку в воду, двое.
И речь их льется в тишине.*

– Поэт – великий дароносец,
Любой эпохи честь и ум:
Нередко нрав его несносен,
Судьба вершится наобум,
Но, следуя предназначенью,
Единственный он камертон,

Которому внимают чернь и
Тиран, посаженный на трон.

Поэт твердит, не умолкая,
Себе в укор и на беду.
– Так знать, цена его такая,
Его несносному труду.
Никто поэта не неволит,
Потомок, разве что, зачтёт
То, что поэт сегодня стоит.
Я б предпочёл наоборот:

Поэт, певец – не только песен
И истины бездонный клад;
Ещё премного интересен
Он тем, кто властен и богат.
Ведь в нём нуждается правитель,
В годины мира и войны
Он совесть, он же – проявитель
Её безмерной глубины.

– Ты убежден: всё на продажу!
Мол, он не музы чародей,
А в услужении, и даже
Он по приказу на людей
Готов свой редкий дар направить,
Завлечь, как всякий златоуст,
Чтоб мог правитель годы править
При помощи кнута и муз.

– Бесспорно! А кому он нужен,
Твой, извини меня, поэт,

Коль не надёжным, зрелым мужем
Несёт он толпам своей сонет.
Такая у него работа,
За то почёт да исполать:
Служить примером, патриотом
И всласть тирана восхвалять.

Коль слово дал ему Всевышний,
Во благо пусть его несёт.
– А как же свет в стихе, тот вышний,
Что в души из него течёт,
Их очищая? Не поэт ли
Гарант гармонии, всего
Того, что будучи воспето,
Не стало б вечным без него.

– Ты прав, присуща государю
Над временем и веком власть:
От поэтического дара
Есть польза в том, чтоб власти глас
Звучал единственным и верным,
Чтоб представитель от искусств
Сливался с ним в экстазе первым,
Как бы в избытке лучших чувств.

Поэта смысл – улучшить поступь
Шеренг народных и рядов,
В поддержку строя ставя подпись,
Коль призовёт священный долг.
Поэт упасть не может низко,
По ветру нос – муссон, пассат,

И будь готов в элитных списках
Всё, что ни скажут, подписать.

Ведь в наше время непростое,
В эпоху роковых годин,
Из первых он на поле боя,
Раз он поэт и гражданин…

Куда ни глянь – везде Таврида,
У ног лежит Эвксинский Понт;
Из говорящих, с мрачным видом
Один стирал ладонью пот.
И становилась ночь короче,
Хоть становилось не до сна:
На ветке вербы многоточье,
Как подпись, ставила весна.

Эклога VIII. Летописец и писатель

> *Мирек говорит: борьба человека с властью –*
> *это борьба памяти с забвением*
> Милан Кундера

– Скорей всего, ты недоволен тем,
Что происходит: от всего потока
Кричащих новостей, банальных тем
Бывает так безумно одиноко,
Что впору и забыться, и забыть,
Истории сродни – нередко лица
И даты в ней дано толпе любить,
Чтоб гневно с ними в будущем проститься.

Но каждая эпоха говорит
Всё полностью и только так, как может:
В Египте – всепрощеньем пирамид,
Как в инквизиции кострами позже.
– Так в сфере речи абсолютно нет
Возможного, нет виртуальной ткани,
Поскольку всё реально, и предмет,
Коль назван, никогда другим не станет.

Как палимпсест ни изменяй, в каком
Бы страхе имя ни промолвить всуе –
Язык даётся либо целиком,
Либо его совсем не существует.
Что сказано, останется звучать:
Слова проклятий, клятвы и надежды,
Кто б ни хотел затем их замолчать,
Бессилен будет. – И правитель между

Двумя поступками (казнить-простить),
В ответственном решении пусть помнит,
Что неувиденная глазом нить,
Ведущая в одну из дальних комнат,
В грядущее, читай, там не сгорит
И не порвётся – лишь себя обрящет
Среди потомков, коим предстоит
Его судить в извечном настоящем.

– Да, всё есть память, и дана ей речь,
История – в зависимость от речи,
От интонаций, ибо в них не счесть
Нюансов, то есть судеб человечьих.

Всё прошлое и будущее, что
Давно уже и Летопись, и Слово,
Бог примеряет на себя, чтоб в тон
Миг настоящий повторялся снова.

Уже был виден город. Долгий путь
Когда-нибудь кончается, и двое,
Освободившись от словесных пут,
Шли молча дальше. С неприятным воем
Бродячих псов промчалась стая, – в двух
Словах теперь всего не перескажешь,
И тишина тревожила – на слух
Она была не меньше речи в каждом.

Эклога IX. Первые: Она и Он

– Скажи, то место, где сейчас стоим,
Все облака его с густой дубравой,
И озеро, и в нём, неотразим,
Вид тот, что слева, да и тот, что справа,
Все эти звери, гады и цветы,
И смена дня и ночи – ты заметил,
Что с этим связаны и я, и ты,
Как всё, возможно, связано на свете?

Как с этим жить? – Не бойся ничего.
Всего важней у следствий знать причины.
К примеру, по желанию Его
Пришла ты женщиной, а я - мужчиной.
Взгляни: часы укажут лишь «сейчас»,
Что значит, есть у постоянства право

(Включая нас, его большую часть!)
Над временным всегда найти управу.

Жить будем вечно. – Это хорошо.
Как я душевно ко всему привыкла.
Здесь все равны: и дождь, что не прошел,
И дождь, что по утру сегодня выпал.
Здесь все делить свободны тишину
На крики, на молчания и фразы,
На вечный мир, включая всю войну,
Хоть здесь её не видели ни разу.

Ведь миру – мир? – Волшебные слова:
Один на всех IQ, одна планета,
Одна на всех, при этом, голова,
Ей имя – Бог, и не забудь об этом.
Под именем его не сквернословь,
Не обмани и не прелюбодействуй!
Объединяет всех одна любовь,
Пусть гением ты будь иль будь злодейством.

Мы все едины. – Я и начала
Наш разговор с вопроса о разлуке:
Коль мир един, то души и тела
Не созданы для ежедневной муки
Быть разобщенными, и суть Добра,
Похоже, в этом. И оно, в итоге,
Того причина, что семейный брак,
Деторождение – всегда при Боге.

– Да, мир творим единой добротой:
Хозяин с вещью, пара «жертва – хищник»

Не знают зла; поверь, за той чертой
Все друг для друга стали б просто пищей.
Пчела и мёд, вечнозелёный лист,
Корней не размыкающий объятья –
Чисты, как сёстры, чей любой каприз
Безропотно всегда исполнят братья.

*... Они дошли до края. На краю
Невидимой границей шла прямая:
Им было невдомёк, что быть в Раю –
И значит видеть всё, не понимая.
Вид панорамный, хоть начни снимать.
Земля внизу безлюдна и красива.
Дано им счастье – Рай не понимать,
Иначе жизнь была б невыносима.*

ЖЕЛЕЗНОДОРОЖНЫЙ ВОКЗАЛ
1994 - 2011

Песня

Птица – жест безымянного неба – сегодня обозначает осень
Сад и Ночь немее с каждым опавшим листом
Расстояние – это то, что соединяет нас в любое мгновение:
Я путешествую по твоим снам, но не владея
Ни одним из языков, на которых говорят в молчании,
Я обречён

***

Без дождя мы остались к середине июня.
Прогнозы ни о чем: про гром и грозы,
Как бывало прежде, ни слова,
Ни розы ветров.
Синоптик молчит, будто воды в рот набрал -
Словно помнит, как видел в последний раз
Солнце.
Видимо, это оно, войдя в цикл циклонов и наводнений,
Лило с первых дней апреля, весь май,
В сырости расцвело сезонными цветами
И плесенью на ступенях к гаражу.
В воздухе не таяла взвесь – не та это,
Скорее всего, взвесь, которая тает недолго,
Сразу уступая место озону и цвету.
Оно, видимо,
Предпочитает ночной скрип мокрых окон,
И нависший над утром кошмар туч,
И влажный озноб непроснувшегося неба,

И перестук имён по клавишам – в такт
Трехточиям о слезящуюся крышу:
Генделев... Трауберг... Парщиков...
Некрасов... Лосев... Межиров...
Два дня уже нет дождя.
Оно,
Как утверждает синоптик, скоро наступит –
лето

Прогулка по Централ парку со стороны Вест-Сайда

В мире дилижансы
лет пятьсот, как в моде.
Кто-то лёг, отжался
в Парке, на природе,
на велосипеде
кто-то мчится даже, –
мы меж ними едем
в крытом экипаже.

Облучек, подруга.
Там, за конским крупом,
взгляд бежит упруго
за бегущей группой,
по прозрачным кронам
с розоватым пухом
и самовлюблённым
грызуном над ухом.

Становясь детален,
весь в полосках света
мчится Вуди Аллен

в кедах, без кларнета.
С ним бежит соседка,
стройная Минелли, -
и не хрустнет ветка.
Всех они «имели».

Но не всех, бесспорно.
Вне границ и тлена,
встав с ноги опорной,
побежал Джон Леннон.
Рядом Бернстайн.
Между ними тени
позабытых тайн,
тел, их вдохновений.

В феврале, маршрутом
вплоть до сто десятой,
кучер нас всё утро
возит, как завзятый.
Характерный запах
И овса, и сена.
Сайда вечный Запад –
И отца, и сына.
И духа.

Мартовские оды

I.
Без признаков зелени март.
Дорога в пейзаже оконном
Гудит, как гриппозный кошмар,
Всем транспортом в трансе. И фоном

По мёрзлому небу стволом
Царапают трещины ветки;
Жилища вползают углом,
Как прежде на сушу их предки.

Но лужи пустое стекло
Читает фонарь, как молитву...
И всё, что в пейзаж не вошло,
Ещё пережить предстоит нам.

II.
Как чисел, чист неба проём.
На каждом кусте – иероглиф.
Шепча, что Басё, «ё моё!»,
Иду почитать и потрогать.

Нет пыли – предвестья вещей.
И чистый лист сада, и утро
Белесое, видимо, щель
Меж теми, что «есть» и что «будто»,

Меж словом и сном. Не спасёт
Ничто эту изморозь, тайну, –
Теплом и травой прорастёт,
И в мае погибнет цветами.

III.
Последнее – тридцать одно...
То дождь повсеместно рассеян,
То память: всё помнится, но
На сером, на сером, на сером.

И смазанность контуров, букв
Продрогших на мокрой газете –
Когда бы вошёл кто-нибудь,
Он стал бы последним на свете.

Прощальный, промартовский гром
В отсутствие света и тени
Как напоминанье о том
Единстве меж *нами* и *теми*.

Повелительное наклонение

Ленись, Лена!
Паши, Паша!
Дари, Дарья!
Владей, Влада!

Колись, Коля!
Алей, Алик!
Светлей, Света!
Густей, Густав!

Борись, Боря!
Хами, Хаим!
Юли, Юлик!
Вались, Валя!

Варись, Варя!
Тони, Тоня!
Стелись, Стела!
Томись, Тома!

Женись, Женя!
Люби, Люба!
Мирись, Мира!!
Дави, Давид!!!

Майся, Мая!
Славься, Славик!
Лазай, Лазарь!
Мойся, Мойша!!!!!

Сослагательное наклонение

«Ангел, видно, уберёг»
Леопольд Эпштейн, «Спираль»

П. был бабник и повеса,
Л. упёртый был козёл.
П. нашёл себе Дантеса,
Л. – Мартынова нашёл.

Век простой, без ажитаций –
Бес в ребро и пуля в грудь.
Время меж балов и танцев
Заполнялось кем-нибудь.

Приезжали тарантасы,
Привозили мертвецов –
Женский плач, детей возгласы,
И погост, в конце концов.

Тот же, кто везуч и меток, –
Жизнь в проклятии влачил,

И бесславием, как метой,
Запятнал и род, и чин...

На дуэли – либо, либо:
П. и Л., нажав курок,
Тоже ведь убить могли бы.
Видно, Ангел уберёг.

Плачь и расстройство по зиме

А снега нет и больше никогда не бу-бу-бу
А вместо снега вдоль дороги серый мох-ох-ох
А я снежком кидался бы в кого-нибу-бу-бу
А он в ответ меня ловил и бил под дых-ох-ох

А кто дублёнку приобрел – совсем ду-ду-ду-ду
Ещё бы шубу прикупил – смешной чуда-да-да
А кто представить в январе, кто б мог поду-ду-ду:
Коль снега нет, то это тоже божий да-да-да

Альтернативная радость

А снега нет хотя к чему теперь печа-ча-ча
А есть недели три ещё до февраля-ля-ля
А это повод и для радости и сча-ча-ча
А не сомнений и самоубийства для-ля-ля

А если шубу на дублёнку приоде-ей-ей
И на вьетнамки «агсы» с раннего утра-ра-ра
Да так пустить повсюду женщин и детей-ей-ей
То на фига нам эта снежная пора-ра-ра

Времена года

Густая тень на всю длину сугроба
В весенних лужах отраженья птицы
Взопревший от жары развозчик пиццы
И лист осенний, как звезда хип-хопа

Времена года: сиквел

На утреннем снегу всё четче фотоснимки двух подошв
След прорастает в жабры, в плавники апрельской лужи
Вот след, от следа оторвавшись, пыль поднял и кружит
Во влажном отпечатке – последнего листа узор и дрожь

Времена года: триквел

Звезда – уже не вернувшийся, вмерзший во тьму снежок
В марте деревья с кустами схожи, что чукчей в чуме мотивы
Путь в тысячу ли отекает под солнцем, словно термоожог
Время косить траву и косых дождей – конец перспективы

Апрельские Тезисы

Апрельские тезисы I

1.
Мой дядя (мне всегда хотелось
Текст написать со слов: «Мой дядя…»)
Считал, что утром дух плюс тело
Совсем не те, что на ночь глядя.

И в силу обстоятельств сложных,
Что навязали эти, те ли,
Считал мой дядя дикой ложью –
Здоровый дух в здоровом теле.

2.
Мой папа самых честных правил
Как атеист, знал не по слухам:
Совсем не важно, кто там правит –
Дух телом, либо тело духом.

Диета есть всему начало
И бег трусцой, что панацея.
Природа, как большой начальник,
Все это к пенсии оценит.

3.
А мама, в шутку иль не в шутку
Занемогла, не тратя пыла.
Ей на ночь приносили «утку»,
И вытирали днем от пыли.

И уважать себя заставив,
Она, бела как лист в тетради,
Постигла то, что и представить
Не мог отец. Не мог мой дядя.

Апрельские тезисы II

Скажи-ка, дядя... А не скажешь,
Последний будешь ты подлец –

Фин проклянет, тунгус, и даже
ООН, и НАТО, наконец.

Всего вопроса три-четыре,
А разговор пойдет, так пять.
Ведь вы все это замутили –
Науку жить и побеждать.

Да, были чудные мгновенья:
Век просвещения, Руссо,
Вольтер, изыск столоверченья,
Еще не баскетбол – серсо.

Теперь скажи, с какой же стати
Вы променяли, что могли
На перспективу демократий:
На демос, охлос, голь земли?

Что прежде: гений иль злодейство?
И коль любовь священных книг –
Дар из переданных нам с детства,
То почему и зло от них?

Скажи-ка, дядя, ближний этот,
Готовый до смерти забить,
Замучать, сжить меня со света –
Его мне искренне любить?

Еще б спросил про то и это –
Без слез, упреков и угроз,
Бездарно путаясь в ответах...
Но был ли дядя? Вот вопрос.

Апрельские тезисы III

Нам не дано предугадать – и слава Богу.
Да, не авгуры мы с раскосыми глазами.
Казенный дом и длинную дорогу
Нередко обещает нам гекзаметр.

В минувшем, в будущем – в каком угодно виде
Нам не дано ни эха, ни намека.
«Оцепененье чувств иль, – знал Овидий, -
Безумье этому имя»*. В тишину, до срока,

(И прежде губ), в её разлитый холод
Ещё не вставлен слог, наркоз не длится,
Не вздрогнет миг и звук в него не вколот,
И ночь бела, как кафель психбольницы.

Стоп-кадр кинематографа немого:
Взрывается хлопушкой новогодней
Само себя не слышимое слово,
Предугадавшее свое Сегодня.

* Овидий Публий Назон, «Всё, до последней строчки…».
Перевод: Н Вольпин

Апрельские тезисы IV

Люблю грозу в начале марта,
Хотя по всем ньюйоркским меркам
(А местный климат – не для всех)
В апреле выпадает снег.

Но дождь идет вне всяких правил:
Как зерна отделив от плевел,
Заморосит внутри зимы
Мерцающий весенний миг.

К утру в сугробах полушубки
Покроются блестящим шёлком,
И в лужах коченея, дождь
Хрустит под плоскостью подошв.

Еще мороз по всем прогнозам,
И никакой гроза угрозы
Пока метелям не несёт,
Ведь снегопады – наше всё.

Однако – дождь. Совсем некстати,
Казалось бы, без цели, плоти,
Как в рыбах, брошенных на суше.
Так в Лету выпадают души.

Апрельские тезисы V

Я тебе ничего не скажу,
И тебя не встревожу. Вполне
Ткань молчанья, её ажур,
Сгустки пауз в её полотне

Значат больше, чем слово. Слова –
Это то, что до смерти болит
И исчезнет, лишь только, едва…
Тишина – это весь алфавит,

Это тень, что не брошена мной,
Яркий свет, не включенный никем
И все то, что молчит за спиной
Без конца на любом языке.

Кресло сдвинуто, в раме овал
Под неведомым взглядом рябит:
Если кто-то здесь как-то витал,
Он молчал. И сегодня молчит.

Пол темнее к углам, раздвижной
Шкаф похож на знакомый предмет:
Он открыт, он бельём, как слюной,
Бессловесно набит. Силуэт,

Или просто пустой циферблат
На пустое лицо не глядит.
Немота, как нашедшему клад,
И несчастьем, и счастьем грозит.

Свет лоснится на ручке дверной –
Наше время, конечно же, жуть:
Не забудь потушить за собой.
Но и это тебе не скажу.

Апрельские тезисы VI

Речь о теле. Начнём с головы –
От неё в голове мешанина:
Правоверные, в общем, правы;
Прав Гийотен с его гильотиной.

Здесь примеров ряды, что трава:
Дабы шею не мучать в поклонах,
Лично – Доуэля голова,
А для пары – Медузы Гаргоны.

Ниже – больше. Не ради затей
Потрошки эти, не для подарков,
Но без печени жил Прометей,
И без сердца – решительный Данко.

Что до области ниже пупка,
Здесь, естественно, дело привычки:
Причиндалы кастрату, – ну как
Оскопленному оба яичка.

И с ногами, простит меня Бог,
Безусловно, похожая песня:
Колобок, что без рук да без ног,
И с руками безногий Маресьев.

Это ж счастье: ни шляп, ни пальто!
На известный вопрос (он в ремарке*):
«Если тело дано мне, то что
С ним поделать?» – Ответь без запарки:

«Тело – ложь, как свеченье на слух,
И вполне результат бесполезный,
Но итог вычитания – дух:
Он опять пролетает над бездной».

*«Дано мне тело – что мне делать с ним…?»
Осип Мандельштам, 1909

Апрельские тезисы VII

Утро туманное цвета беж,
Каковой и должна быть истома.
Без печали вопрос – и ответа без:
«Выводить ли себя из дома?»

Воздух вдыхаем раскрытым ртом
С песком и планктоном, ибо
Тем, кто стал ею, придется потом
Называться на суше «рыбой».

Стекла подернуты ряской, дна
Не окинуть глазами с балкона:
Сплошь за аквариумом тишина,
Здесь же, внутри – со звоном.

Воздух туманом покрылся весь.
Сказав: «Муравьиною кожей», -
Уже не запомнить солёную взвесь
Из водорослей и прохожих.

Время над шпилем Эмпайр Стейт
Колышет тела цеппелинов,
Густея, связывая их, как клей.
И город размокшею глиной

Торопится пасть в колеи дорог,
Идущих к тому, кто обрящет,
Чтоб больше никто никогда не смог
Вернуться. Ну, разве ныряльщик.

Апрельские тезисы с пятнадцатью эпиграфами

1. ... Мила нам добра весть о нашей стороне:
Отечества и дым нам сладок и приятен.
Гаврила Романович Державин, «Арфа»

2. ... И чужеземная картина
Сияла пышно предо мной.
Немецкий город... всё красиво,
Но я в раздумье молчаливо
Вздохнул по Родине родной...
Федор Николаевич Глинка, «Сон русского на чужбине»

3. ... Какие радости в чужбине?
Они в родных краях;
Они цветут в моей пустыне,
И в дебрях, и в снегах.
Константин Николаевич Батюшков, «Пленный»

4. Тобой, красивая рябина,
Тобой, наш русский виноград,
Меня потешила чужбина,
И я землячке милой рад.
Петр Андреевич Вяземский, «Рябина»

5. «Куда ты ведёшь нас? Не видно ни зги! –
Сусанину с сердцем кричали враги: -
Мы вязнем и тонем в сугробинах снега;
Нам, знать, не добраться с тобой до ночлега...»
Константин Федорович Рылеев, «Иван Сусанин», дума

6. *Куда бы нас ни бросила судьбина*
И счастие куда б ни повело,
Всё те же мы: нам целый мир чужбина;
Отечество нам Царское Село.
Александр Сергеевич Пушкин, «19 октября 1825»

7. *... О дом отеческий! О край любимый мой!*
Родные небеса! незвучный голос мой
В стихах задумчивых вас пел в стране чужой.
Евгений Абрамович Баратынский, «Родина»

8. *О вы, которые хотите*
Преобразить, испортить нас
И обнемечить Русь! Внемлите
Простосердечный мой возглас!
Николай Михайлович Языков, «К не нашим»

9. *Не поймёт и не заметит*
Гордый взор иноплеменный,
Что сквозит и тайно светит
В наготе твой смиренной.
Федор Иванович Тютчев, «Эти бедные селенья»

10. *Бегут вдоль дороги все ели густые*
Туда, к рубежу,
Откуда я еду, туда, где Россия;
Я вслед им гляжу.
Бегут, и качая вершиною томной,
Бормочут оне
О тяжкой разлуке, о жизни бездомной
В чужой стороне.
Каролина Карловна Павлова, «Дорога»

11. *А если б пришлось умереть на чужбине,*
Умру я с надеждой и верою ныне...
Николай Платонович Огарев, «Свобода»

12. *Люблю Отчизну я, но странною любовью!*
Не победит ее рассудок мой...
Михаил Юрьевич Лермонтов, «Родина»

13. *Поэт! ты хочешь знать, за что с такой любовью*
Мы любим родину с тобой?
Зачем в разлуке с ней, наперекор злословью,
Готово сердце в нас истечь до капли кровью
По красоте её родной?
Афанасий Афанасьевич Фет, «Ответ Тургеневу»

14. *Я лиру посвятил народу своему.*
Быть может, я умру неведомый ему,
Но я ему служил – и сердцем я спокоен...
Пускай наносит вред врагу не каждый воин,
Но каждый в бой иди!...
Николай Алексеевич Некрасов, «Элегия»

15. *Ты один мне поддержка и опора, о великий, могучий, правдивый и свободный русский язык.*
Иван Сергеевич Тургенев, «Русский язык»

Это же какое счастье, что не французский с его кастрюлями, салатами, ботинком, гардеробом, пальто, бульоном, шифоньером, панталонами, винегретом, актёром, афишей, гильотиной и производными от слова «абажур».
И не немецкий мне поддержка и опора с невыносимыми для русского уха хлебом, ярмарками и парадами, фраерами и фройлянами, бухгалтером, директором, картой, портом и панорамой.

Во дни сомнений, во дни тягостных раздумий о судьбах моей родины, слава Богу никакое из итальянского языка не придет в голову: все эти чужеродные макароны и помидоры, торт, конфеты, газеты, балерины, концерты, брутто и нетто, карикатуры, комедии и каппучино, мама и миа.

Не говоря уже об английском с его нерусским юмором, коктейлем, бульдозером, бифштексом, тоннелем, жюри, клубами, футболом, волейболом и любым спортом, школами, вокзалами и прочей гадостью.

О, великий и могучий! Не будь тебя – как не впасть в отчаяние при виде всего, что совершается дома? Уж лучше пусть совершается где-нибудь в Японии, с их караокэ, дзюдо, кимоно да суши с сушими.

О, правдивый и свободный русский язык! Но нельзя верить, чтобы такой язык не был дан великому народу! Только вслушайтесь в фонетическую могучую перекличку:

алгебра, амуниция, ассамблея, оптика,
глобус, лак, компас, крейсер,
порт, корпус, армия, капитан,
генерал, дезертир, кавалерия, контора,
акт, аренда, тариф, балласт,
буер, ватерпас, верфь, гавань,
дрейф, лавировать, лоцман, матрос,
рея, руль, флаг, флот,
штурман, баржа, бот, мичман,
шхуна, катер, фляжка, залп,
математика, философия, история, грамматика,
теория, практика, академия, музеи,
галерея, картина, шедевр, мольберт,
симфония, рок, джаз, фольклор,
пианино, гитара, новелла, валюта,
известь, сахар, скамья, тетрадь,
котлета, колбаса, сосиска, картофель,
фонарь, буйвол, фасоль, свекла,
компьютер, дисплей, файл, интерфейс,
принтер, бартер, брокер, ваучер,

дилер, виндсерфинг, скейтборд, армрестлинг,
кикбоксинг, имидж, презентация, номинация,
спонсор, филантроп, видео, шоу,
дигитализация...
И, конечно, правдивый и свободный, родной тюркский мат – добавьте по вкусу.

АЭРОПОРТ
1989 -1993

Конец эпохи

Все книжки написаны, все фильмы в прокате,
Из натурального ряда чисел сегодня последнее – любое,
Климат всё неожиданней, как финал в токкате,
Оттого и предсказуем, как кино о ковбоях.

Ты говоришь всё чаще: одиночество, нехватка тепла.
Не помогают ни звёзды, ни истерические загулы.
И уже находишь нечто человеческое в на-
Польных вазах: их, должно быть, сутулость.

Есть, очевидно, естественная связь и в том:
Чем дольше живёшь, тем к неорганике ближе.
В конечном итоге тело, достигнув в весе миллионы тонн,
Теряет объём, в данном случае лишний.

Хотя это ещё не повод, чтобы, как на верхнем до,
Кричать на фальцете до полной потери слуха.
Ты говоришь: чёрно-белое. По мне же: бардо,
Как зовут на Тибете переходное состояние духа.

Цикличность

Приятно в тишине ночной
сидеть и дожидаться утра.
И после, никуда не торопясь,
сидеть не менее приятно
весь шумный день,

дождаться снова ночи
и вновь сидеть
и дожидаться утра.
Всю жизнь так провести
в разнообразьи,
и в ночь уйти
когда-нибудь
и там
сидеть
и утра дожидаться

Хорошо в Нью-Йорке

Какие милые китайцы
Все в Чайна-Тауне живут
Они весь день готовят рисы
И всем кивают головой

А тут же рядом итальянцы
Все в Литтл Итали живут
Они весь день готовят пиццу
И всяку прочую лапшу

А близко гомики смешные
Все в Гринвич Вилледже живут
Они весь день готовят ланчи
Друг дружку гладя по плечам

А дальше добрые латинос
Легко в Ист Вилледже живут
Они вас угостят текилой
И что-то томное споют

А по соседству украинцы
Щыро и правильно живут
Они весь день едят галушки
И запивают их борщом

А за мостом Уильямсбургским
Евреи древние живут
Они весь день мацу готовят
С гефилт-а-фиш её едят

А дальше радостные негры
В Рэд Хуке весело живут
Они поп-корн удачно жарят
И разные там барбекью

А чуть южнее много русских
На Брайтон Бич вовсю живут
Они вас встретят хлебом с солью
И водкой водкой угостят

А много дальше в океане
За статуей Свободы сразу
Там говорят есть австралийцы
Что с европейцами живут

И их немало европейцев
Они в другой футбол играют
И что-то там не то едят

Да нам ведь и неинтересно
У нас есть всякое питанье
Нам и в Нью-Йорке хорошо!

Ни в коем случае не о Нью-Йорке

Вот подходит человек
Маленького роста
И хватает кошелек
Очень даже просто.

Обнимает, словно мать
Блудного дитятю –
И давай бегом бежать
К чёрным своим братьям.

Вдоль по улице за ним,
Грозный в самом деле,
Пробегает гражданин,
Кошелька владелец.

Вслед за ним наперерез
Полицейский мчится!..
Вот такой приснился мне
Сон про заграницу.

West Side после ночи

Идёт по улице один доминиканец –
Он просто так себе идет куда-нибудь:
Всю ночь он танцевал у нас под домом
И музыка звенит в его ушах.

Ему навстречу пуэрториканец
Идет весь без руля и без ветрил:

Всю ночь он под соседним домом
Под грохот музыкальный танцевал.

А рядом (будем всячески корректны),
Выкрикивая блюзовые свинги,
Афро-американец движет сам себя:
Здесь его родина, ему здесь всё простят.

А вот он – Я – выходит из подъезда,
Бубня себе мотивчик неплохой:
Он тоже ночь не спал, поскольку снизу
Гремело, танцевало и жилось.

Ему до лампочки куда пойти-податься,
Он лыс, он много лет не высыпался
И видно оттого его английский
Не так же совершенен, как у всех.

Вот он идет, конечно, в ритме вальса
И чувство румбы вместе с тактом рэпа
Одолевают всю хава-нагилу,
Которая за ночь в нём накипела.

А рядом мелкою походкою отличниц
Идут хасиды шумною толпою,
Читая, во всё школьное одеты,
Напамять главы Торы без шпаргалок.

И надо бы кого ещё отметить,
Но что сказать с утра и с недосыпу:
Ведь это всё портреты, всё лишь шаржи,
А жизнь – она намного шире и верней.

Пустая квартира на Манхэттене

Ночь, пятнадцатый этаж, Нью-Йорк –
сочетание не из самых печальных.
Луна вверху, как дальний буёк
(за который заплывать ночами

только и можно). Никого здесь нет,
в квартире, подвешенной выше крыши
дома напротив, и на расстоянии лет
семи от дома, что кажется лишним

сегодня, ибо – по ту занавеса и тьмы
сторону: в нём утро, из его окон
видна изнанка землянистой Луны –
выпавшим темным оком

она наблюдает свет. А здесь до десяти
некому сосчитать, чтобы уснуть. Верно
и плавно отплывает от динамиков Стинг
по направлению к мембране – к ферме

Бруклинского моста – и за… Откуда, как Улисс,
вернётся в Seaport весь в порезах и ваттах.
Пока же в квартире – зов сирены «Police»,
Скорой помощи, Пожарных – всей островной триады.

Пока же в квартире в ожидании дня
никто не молчит, не двинет предметом
любым, не вздохнёт, не вспомнит – храня
веру в баланс между тенью и светом.

Остров

Один из островов во Вселенной.
Если сюда войти,
пить кофе, коньяк, крепкие вина –
непременно
всё так же ти-
кать будут часы и прочие мины.

Усталость внемлет пространству.
Сколько зрачки
ни прикрывай – небоскрёбы, этажи, стулья:
постоянство,
как и прочий кич,
свидетель того, как тебя надули.

Тело, погруженное в воду, не
дышит, что для
старика Архимеда давно не новость –
на острове всё вдвойне:
"да" и "нет", длясь,
возвращаются долгим "ноу".

Мир задуман из смежных квартир
пока никуда
не выходишь из дома –
наливаешь аперитив
и пьёшь за уда-
чную встречу без друзей и знакомых.

Кривясь в зеркале, телеви-
зор к окну

переставишь, разряжая нервы:
"Такова се ля ви," –
говоришь, помянув
того, кто сказал это первым.

Хандра в Нью-Йорке

По улицам однообразно
Ходить: прохожие, дома,
Автомобильный выхлоп газов,
И лето, осень и зима.

Ещё весна. Круговороты
Времён, событий и пространств
Приелись так, что неохота
Пройтись в соседний ресторан.

Застолье шумных вернисажей,
Рекламы улиц и газет
Осточертели так, что даже
Всё реже ходишь в туалет.

И ты, обрюзгшая скотина,
Что в зеркало пролез и там
Подобно аглицкому сплину,
Несвеж и хил не по годам.

Ты, выросший на пиве скверном,
На вобле с плавленным сырком,
На Мандельштаме и Жюль Верне:
Звонит твой колокол по ком?

По ком в Нью-Йорке он долдонит,
Талдычит, будто с потолка?
Толкуя долго, как в агонии,
Что есть российская тоска.

Приветливость

Ползи, животное, ползи же!
Не дёрнется моя нога,
Ибо твоя земная жизнь
Тебе немало дорога.

Тебя рожала мамка в муках
И Бог тебе дыханье дал,
Чтоб не какой-нибудь там мухой,
А стройным тараканом стал.

Чтоб каждой лапкой, честь по чести,
Ты б ползать с упоеньем мог...
Так провалиться мне на месте –
Я не коснусь тебя, сынок.

Твои сомненья понимаю:
Двуногий, да ещё еврей.
Уж лучше бы собака злая
С тобой столкнулась у дверей.

Что хуже утренних свиданий
С евреем, лишь начнёт светать?
Уймись, пугливое созданье,
Не стоит так зазря страдать.

Не для того я в институтах
Науку чести изучал,
Чтоб поступать с тобой так круто
И в спину всаживать кинжал.

Будь жив. Беги в свою каморку.
Ну, а монарху своему
Скажи при встрече:"Мол, в Нью-Йорке
Такой-то шлёт привет ему."

Песня без музыки

Баскетбольная площадка
На которой много негров
Непременно попадают
В баскетбольную корзину

я же мимо прохожу

Супермаркет магазинный
По которому гуляют
Покупатели с корзиной
Чтоб потом стоять у касс

мне не надо ничего

Сетка летнего сабвэя
По которому проходит
Поезд еле 2 – 4
По маршруту ветки 6

мне не ехать никуда

Улиц строгая система
Вдоль которых одиноко
Негры – городские корни –
Просто так себе лежат

просто так себе лежат

Самолёт на бледном небе
Из Ла Гвардии гуляет
Голяком по небоскребам
И на JFK летит

осторожно там, смотри!

Я хожу уже который
Год по этому району
Нам ещё здесь не хватает
Днём воздушных катастроф

Круговорот

На Новый год, на Новый год
Мы собрались теперь. И вот
Достойно встретим Новый год,
Как весь достойный наш народ.

А вовсе не наоборот,
Как где-то ихний там народ,
Которому что Новый год,
Что Старый год – всё до звезды.

Часы у них идут вперёд:
Что день у нас – им Новый год!
И жрут они такую вод –
Ку – оторопь берёт.

К столу садится наш народ,
А их народ уж не сечёт,
Сейчас в дымину их народ,
Поскольку ночь пил напролёт.

Он в этот миг не разберёт
Пришёл ли год, ушёл ли год –
И зря там утро настаёт,
И завтра снова на завод.

А наш народ пока не пьёт.
За стол садится наш народ,
Хотя и часу не пройдёт,
Как будет в жопу наш народ.

За стол садится наш народ,
А их из-под стола встаёт:
Красив круговорот в природе
И праздник ей – ну, до звезды!

Маниа-кальность

На благопристойном Upper East Side

Необычное в облаках
что-то движется, движется, движется…
Уж не кал ли там? Нет, не кал.
Ведь с чего б в облаках ему двигаться.

Только очень похоже на кал.
Вряд ли что без причины случится:
если в небе кто кал опознал,
значит где-то поблизости птица.

Да вот нет ни одной в облаках!
И стою я, как маниакальный,
наблюдая летающий кал –
ну, типично говно визуально.

Реплика

Всё чаще жуки залетают в окно:
Природа — говно, да и сам я — говно…
Осенние листья на юг улетели
И птицы куда-то. Должно быть, на север.
Ни капли дождя! Что за осень, ей богу:
На прежней странице всё тот же Набоков,
Всё та же подруга, и та же музыка,
И время подробно до жеста, до крика,
До той абсолютно невнятной идеи
(Подобной простому отсутствию денег),
Идеи о том, что который уж год
Октябрь уходит — ноябрь придёт.
И этот расклад до смешного наивен,
Хотя никогда не понять, чем же именно.

Беременность

Какая странная вы, право:
Большая грудь, тугой живот.

Что за серьёзная отрава
В вас поселилась и живёт?

Уже в вас соли не хватает,
Ваш светский вид – совсем в говно,
И там, где проходила талия –
Где это место? Где оно?

Вы, чутким юмором богаты
И чудным кальцием полны:
Что там внутри у вас за гадость?
Какие пляшут колдуны?

Конечно, были вы иначе:
Косяк соблазнов из-под век,
И в ваших нежностях телячьих
Был виден дерзкий человек.

Но что теперь!? С утра блюёте,
Стул труден, аж пучит глаза,
А будни ваши – как в полёте
Мотор однажды отказал.

И я смотрю на вас, как Ленин
В буржуазию пялил глаз:
И я ведь, будучи беремен,
Ничуть не лучше буду вас.

Вот так же ухом, словно дулом
Упёршись в собственный живот:
«Что там за гадость? – буду думать, –
Что за отрава? Что за скот?»

Невыносимость

Иду по улице. И вдруг
С невыносимым дребезжаньем
Скользнуло что-то между рук –
И враз исчезло. Всё вниманье

Свое тогда повысив, зло
Пошёл по улицам неврозным,
Но тут опять меж рук прошло,
Невыносимым сделав воздух.

«Что это было? Пидарас?!» –
Я начать думать, что есть силы,
Как вдруг меж рук… Здесь мой рассказ
Становится невыносимым.

Описание трагедии

«Мамка, мамка!»
«Детки, где вы?» –
Плачет мамка
У реки.
«Где ты, мамка? –
Плачет первый, –
Где на помощь
Рыбаки?»

«Детки, детки, –
Стонет мамка, –
Вот я Там и сразу
Тут!»

Мамка тянет за
Соломку,
А они на дно
Идут.

«Мамка, мамка!» –
Крик печален
И в последний раз
Слышён.
«Где вы, где?» –
Не отвечают,
Да и сам вопрос
Смешон.

«Кто тут? Где тут? –
Рыбачины
Тащут с моря
Утлый чёлн.
– Нам, расхристанным
Мужчинам,
Это дело по
Плечо.»

Мамка плачет,
Мамка стонет,
Умоляя их
Спасти:
Рыбаки ушли в
Погоню,
Внутрь воды спешат
Грести.

Ищут в речке,
Ищут в море –
Как же тут не
Преуспеть:
Вера спасена и
Коля,
Все бегут на них
Смотреть.

«Мамка, мамка!» –
Детский хохот
Мамку радостно
Встречал,
Только мамке сердцем
Плохо,
Неподвижна, как
Кочан.

Рыбаки ей вмиг
Дыханье
По теории
Рот-в-рот:
Мамка обрела
Сознанье
И опять с детьми
Живёт.

Баллада о пограничниках

NAFTA посв.

Скупая природа. Полуденный зной.
Вдали от народа стоит часовой.

Он полон вниманья и собран не зря,
Ведь там, за холмами, чужая земля.

Там разные нычки, ландшафт «под откос»,
А тут пограничный ответственный пост.
И чтобы, о боже!, в страну не вошёл
Случайный прохожий – здесь выставлен столб.

При нём пограничник, собака при нём:
Решится кто лично играться с огнём?
Какие чужие пойдут за черту,
Пока часовые стоят на посту!

Но вдруг странный шорох, дыханье вокруг,
И слышится шопот. Кто: враг или друг?
С поста не видать абсолютно ни зги…
Хоть трудно признать, но, должно быть, враги.

Пот тщательно вытер со лба мигом Джон:
Хитёр нарушитель, коварен шпион,
Ему нет закона на гнусном пути,
Он в штат Аризона стремится войти.

Он стать нелегалом готов без стыда!
Собака сигнала ждёт, только кивка.
Хозяин ей странен: он что, не готов?
Уже мексиканец вскочил из кустов.

Бежит он открыто, но, видно, вспотел:
Коровьи копыта, как туфли, надел,
Шаг делает шире, говно разбросал,
Чтоб наши решили, здесь бык пробегал.

Он низенький ростом, хоть мог подрасти!
Такого непросто связать и скрутить.
Но Джону не страшно, на то он и Джон,
В бою рукопашном Джон World Champion.

Он знает в деталях как бить и почём:
Прогнёт свою талию, ослабит плечо,
И прыгнет, напорист, ногой по зубам –
Куда там Чак Норрис, куда там Ван Дамм.

«О, мазер! О, факер!»- Джон плюнул в песок,
Джон бросил собаке условный кивок,
И пёс, словно в танец войти норовит,
И вот мексиканец, как сало, лежит.

Он больше не страшен, от страха дрожит:
Не думал, что стража хранит рубежи,
Пытался обманом и хитростью взять –
Теперь с криком «мама!» он прячет свой зад.

Он взмылен, как лошадь, и дышит с трудом,
Он юзать* и пушать** хотел бы наш Дом,
Счастливое детство отнять у детей!
Подходят все средства для нечисти сей.

Им всё б пустить прахом, и честь не в чести.
Но Джон и собака стоят на пути,
И будут пока эти двое стоять
Нам строить в веках и спокойно нам спать.

use * – англ.
push ** – англ.

Предупреждение Мастера

Нет никого кто б передал
Искусство старых мастеров
Ходить спокойно по Гарлему
В любое время дня и ночи

Нет также никого из тех
Кто б помнил нужные слова
Которые достаточно шепнуть
При встречах с наглым попрошайкой

И не осталось больше тех
Кто бы учение поведал
О пользе точных заклинаний
В Нью-Йорке
Заколдованном Ла Кхыном

И хриплым жутким голосом
Он завершил:
«Как не ищи, не обнаружить
У негра родинок на теле.
Это – единственное предупрежденье,
Дошедшее до нас
От мудрых старых мастеров Балбаса.»

Поднадоевший отпуск

Спор в желудке жаренных устриц, пива,
водки
отвлекает от архитектуры воздушных башен:
лёжа на берегу, слежу, как за черту отлива
уплывает день. Уже, строго говоря, вчерашний.

Безлюдно. Тоска. Одинокий седой бархан
песка
создаёт непременную иллюзию перспективы,
но будь я хоть трижды Иммануил Кант –
всякий раз отрекался б от императива.

Ибо, что он есть, предполагая моря
тяжесть,
как ни отлив; как ни притворство, для песка, быть берегом;
как для последнего – путать меня и тот санаторий,
который виден отсюда, как горячка, беленький.

Брайтон-бич. Пляж

Простая картина,
Но в ней никуда,
Как видно, не деться:
На пляже мужчина
В роскошных годах
Желает раздеться.

Он мил, симпатичен,
Он прямо сейчас
Готов окунуться,
Но ради приличья
Пред сотнею глаз
Он должен разуться.

Он должен раздеться,
Снять майку, часы,
Штаны непременно...
И вот, наконец-то,

На нём лишь трусы
Почти по колено.

Сатин, чёрный колор –
К лицу, да и в стиль,
Вид, в общем-то, дачный;
И чайки у мола,
И утренний штиль
Как будто к удаче.

Ах! Верным движеньем
Трусы заменить
Мужчина согласен:
В ногах напряженье
И не оценить,
Как всем он прекрасен.

Всё так же приличен,
Милей во сто крат,
Он полон смекалки,
Ведь рядом нет нычек
И мечется взгляд,
Ища раздевалки.

Всяк поиск бессмыслен
И в плавки никак,
Увы, не одеться!
Колышутся мышцы –
И вот на руках
Лежит полотенце.

Идея простая!
Здесь мысленный путь
Достиг совершенства:
Должно быть, хватает,
Чтоб торс обернуть,
Витка полотенца.

Его он, как ширму,
Берёт в оборот
И держит рукою –
Азартнее Шивы,
Руками снуёт
Одной за другою.

Вот нечто мелькнуло.
Густые власы.
Вот ноги скрестились.
Вот третья нырнула
Рука – и трусы
В песок опустились.

Нетрудно увидеть,
Как под бахромой
Волнуется тело –
Мужчина, как викинг,
Как вечно живой,
Как в мраморе, белый.

Он плавки хватает
Вовнутрь, в жар и в пыл,
Где быть им как дома –
И пляж наблюдает,

Как славно покрыл
Он тканью объёмы.

И пляж, что охотник,
Прощально вздохнув,
Глядит на добычу:
Мужчина подходит
К волне и ко дну
Ныряет по-птичьи.

Чтоб там, в бездорожье,
Сквозь мелкий привет
Мальков Рыбы Палтус,
Поплыть осторожно.
И плавки под цвет
Хвоста у русалки.

Основоположность
зелёная поэма

На полупрофиль Вашингтона
Гляжу с приятной добротой
И он не менее приятно
Мне отвечает взглядом Джоконды.

Ещё милее с Джефферсоном встречи:
Пусть он едва приятней Вашингтона,
Но это пустяковое различье
Не в области симпатии, а так.

Другое дело - Линкольн мудрейший.
Ему что пять приятных Вашингтонов,

Что пара Джефферсонов преприятных
Плюс для баланса тот же Вашингтон.

Хотя, конечно, Гамильтон бывалый
Двух Линкольнов премудрых стоит!
После чего не может быть сравнений
С приятным во всём прочем Вашингтоном.

Здесь к слову будет Джексона отметить:
Уж, как вам ни приятен Вашингтон,
А Джексон раз так в двадцать поприятней
При всём при том, что груб бывал перед едой.

Другое дело - Грант. Грант натощак
Двух с половиной Джексонов приятней,
И мудр, между прочим, словно Франклин,
То есть у Линкольна ему ума не занимать.

Но и до Франклина таким, как Грант, ещё расти.
Ведь Франклин если влупит, так убьёт:
Ему поставь хоть сотню Вашингтонов,
Когда такой крутой авторитет.

А дальше - вовсе уважаемые люди:
Мак Кинли (я в глаза его не видел!),
Красивый Кливленд (кто его видал?),
Роскошный Мэдисон, народу внешне неизвестный.
Но дальше - более: в божественнейших сферах,
Где Чейз полулежит с улыбкой полубога,
Держась от бога Вильсона* по вертикали
На расстояньи ровно одного кальяна –
Там сравнивать способность исчезает

И все основоположники равны:
Там ангел - крохотный Ульянов - крутит локон,
Там гладковыбритая пара Маркс-Иэнгельс
Покуривают самый тот кальян,
В душе благодаря американцев.
За что им глубоко в своей душе
Чейз с Вильсоном премногоблагодарны.

• *Купюра достоинством $100,000.00 с портретом Вильсона (Wilson) на лицевой стороне используется только при денежных переводах между Federal Reserve System и Treasury Department of USA.*

Американская литература

Краткий путеводитель для русскоговорящего читателя

Уитмен – это Пушкин сегодня

Эмерсон – это Лермонтов наших дней

По – это Пушкин тех дней, Лермонтов наших

Купер – это Пушкин и Лермонтов сегодня

Лонгфелло – это Лермонтов вчера

Дикинсон Эмили – это Наталья Гончарова сегодня

Фицджеральд – это пол-Пушкина сегодня

Фолкнер – это Лермонтов позавчера

Стейнбек и Фрост – это за одного Пушкина сегодня

Хемингуэй – это за два небитых Лермонтова

Сэлинджер – это Наталья Гончарова вчера

Миллер – это Лермонтов сегодня

Доктороу – это Лермонтов сегодня

Беллоу – это Пушкин сегодня, а завтра Лермонтов

Набоков – это Пушкин всегда

Мейлер – это Фадеев сегодня

Азимов – это молодая гвардия вчера

Дос Пассос – это Пушкин наших дней
Керуак – это Пушкин и Лермонтов вчера
Гинзберг и Берроуз – это по пол-Лермонтова сегодня
Апдайк, Воннегут, Твен, О'Генри – это Пушкин
Элиот, Оден, Бирс – это Лермонтов вчера
Лондон – это Джек, как Питерсбург – это Пушкин
Вашингтон – это Ирвинг, как Лермонтов – вечно сегодня
Олби, Льюис, Драйзер, Бичер-Стоу – это Лермонтов
О'Нил, Нэш, Гришэм – это Пушкин
Том и Томас Вулф – это Пушкин сегодня
Хэлприн – это Наталья Гончарова всегда
Дениэл Стилл – это Наталья Гончарова сегодня
Стивен Кинг – это Лермонтов всегда и Пушкин везде и во всём

Американские композиторы

Краткий указатель для русскоговорящего меломана

Бернстайн – это Чайковский сегодня
Гершвин – это Чайковский всегда
Эллингтон – это Чайковский
Уэйтс – это Чайковский всегда и сегодня
Колтрейн – это Чайковский есть
Вебер – это Чайковский был
Джим Моррисон – это Чайковский будет
Саймон и Гарфункель – это Чайковский в детстве
Филипп Гласс – это вальс Грибоедова в исполнении Чайковского
Лори Андерсен – это Чайковский был, есть и будет
Мингус – это Чайковский всегда
Вега – это не Чайковский
Майлз Дэвис – это рано ушедший Чайковский
Рэй Чарлз – это Чайковский всегда живой

Пресли – это Чайковский, Грибоедов и Пахмутова всегда живые
Сан Ра – это Чайковский сегодня
Зорн – это Чайковский в обеденный перерыв
Райскин – это Чайковский вечно живой
Шарп, Кора, Беннет, Дрессер – это Чайковский
Хендрикс, Фэрри, Заппа – это Чайковский минус Грибоедов
Йоко Оно – это Чайковский минус две с половиной Пахмутовых
Бэйси, Колмэн, Монк, Петерсон – это Чайковский
Армстронг – это Чайковский сегодня

Русские в Нью-Йорке

Инна Иосифовна Кац.
Давид Михайлович Гальперин.
Семён Владимирович Сац.
Наум Иосифович Перельман.

Софья Натановна Каплун.
Рита Самойловна Рецептер.
Абрам Семенович Каплан.
Рахиль Исааковна Спектор.

Григорий Маркович Кругляк.
Борис Степанович Аронов.
Марк Леонидович Рыбак.
Любовь Давидовна Аронофф.

Вадим Зиновьевич Рудой.
Лариса Львовна Зинник-Мархель.
Сифа Абрамовна Седов.
Дина Валериевна Маркиш.

Наталья Викторовна Шварц.
Глеб Константинович Кацюба.
Аркадий Викторович Швец.
Луиза Соломоновна Дзюба.

Ирина Вольфовна Светлоф.
Роман Петрович Плетенецкий.
Захарий Игоревич Блох.
Майк Даниилович Теплицки.

Джордж Леонидович Сегал.
Марла Наумовна Синичкин.
Джекки Арнольдовна Шагал.
Шарлотта Борисовна Чепелюха.

Закон Менделя. Генетика

Ты не пила и не курила,
Не довелось вкусить и страсть:
За что же, муха дрозофила,
Судьба с тобой так обошлась?

Ведь ты была совсем младенцем:
Животик, ручки, носик, вес,
Вся олицетворенье детства,
Жила ты злу в противовес.

Но тут вошел коварный Мендель
И всё помчалось под уклон!
Он ест мацу, он гнусно медлит
И не спешит открыть закон.

Он в дрозофилу пальцем тычет,
Картавя, песенки поёт,
Он их убил уже сто тысяч
И вот ещё одну убьёт.

Он волосатый и сутулый
И дурно пахнет чесноком...
Эх, мало били их под Тулой,
В Крыму и под Бородином.

Он скальпель достаёт, потея.
Вино кошерное отпил.
Он метит мухе прямо в темя,
Как дедушка его учил.

Ведь сколько мух поперебили
Всех этих менделей родня!
Что ж ты молчишь, бог дрозофилий?!
Почто покинул ты меня!

Убил. И вытер кровь об талес,
И взглядом бычьим поводил:
Вон сколько их ещё осталось
Наивных, глупых дрозофил.

Ведь Менделю что слон, что мухи –
Не пожалеет, не простит.
И, незамендля, храм науки
Невинной кровью окропит.

Осязаемость

Жара осязаема. Несносен июль,
Как поэт, поехавший на одной теме:
Пространство Манхэттена – это всюду Юг,
А время, которого нет – это Север.

Нью-Йорк – край термометров: небоскрёб,
С утра состязаясь со столбиком ртути,
Всё выше и уже. Но опуститься чтоб,
Им не хватает ночи. По сути

Июльская ночь, начинаясь с зари,
Так тянется долго к вечернему часу,
Что час в ней потом, как за два, как за риск
Последствию перед причиной начаться.

По сути, в ускоренном ритме черты
Дробятся. И тьму осязаешь возле
Собственного тела, как его плавники, хвосты,
Жабры, язык, влагу, влажный воздух.

И это Лето, в нём Манхэттен, в нём Ночь, в ней Постель,
В ней Сон – немее горсти в намокшей перчатке,
И в нём невозможность заснуть – уже с тем,
Чтоб сну не кончаться.

РЕЧНОЙ ВОКЗАЛ
1983 - 1988

Автобиографическое

Какой я старенький и лысый!
Я разлюбил ходить в кино
и больше не вожу Алису
валяться парой на гумно.

Я ненавижу светофоры
и ежедневный бег трусцой,
я всех людей в военной форме
не различаю на лицо.

Не знаю промискуитета
и Цицерона не читал.
Я поздравляю с Днем Победы
всех, кто балдеет «под металл».

Могу вспылить или обидеть,
мне тридцать по календарю,
вот только Ленина не видел,
но все равно его люблю.

И Джона Ленона не видел,
и кока-колу не люблю,
не попадаю в вытрезвитель,
хоть сбрасываюсь по рублю.

Я стал на оба глаза слепнуть,
все реже посещаю тир –

я подустал от пятилеток
и больше не борюсь за мир.

Не посылаю маме писем,
не покупаю молоко:
я в день четыре раза писаю,
но это делаю легко.

Я помню годы комсомола
и беспартийный трудный путь –
меня воспитывала школа
и воспитала в прах и пух.

Я даже Брежнева не видел,
хоть он, как я, бывал в Крыму.
Я «братьев меньших» не обидел,
а старших не сажал в тюрьму.

Я демонстрируюсь в колоннах,
едва случается парад.
Я компостирую талоны
и этим безнадёжно рад.

Я не включаю телевизор
и не потребую чинов.
Я не уверен, что провизор
мне не подсыпет кой-чего.

Я быть смогу ещё добрее
и, может, подрасту немного.
вот только с каждым днём старею,
хотя и с верой, с верой в Бога.

Биографическое

Плыть под тенью травы, а течение очерствеет рядом
ходом ферзя, слепком грозы, пионерским отрядом.

Лист в меня забредёт для душевного разговора –
отражусь неподвижен, нахохлившись вороном.

Муравьед пригласит окружить муравейник:
мой ответ – ни полслова, ни дуновения.

Прорастёт в муравье и Батый, и Калигула –
я не выдам себя ни движеньем, ни мигом.

Я напуган историей, и уже не состарюсь вовсе,
все четыре времени года – осень, осень, осень…

И проверен неверием, оболгу себя напрочь,
если в Осень вернусь по спирали – навзничь.

Где душа расцветёт терпеливо рождением сына,
уплыву в тень травы. Никого не покину.

Кот

По проспекту выгибался спектором
КОТ
Дугообраз выгнутый вектор
КОТ
Километр считал за километром
КОТ
Не гектарами б мерять а ветром

КОТ
Я всё ждал:
ну когда же
этот важно-вальяжный
чёрнобуромалиновый КОТ
весь
по проспекту пройдёт!
Я за ним наблюдал.
Даже наоборот:
Я за ним перестал наблюдать.
Только кот всё идёт,
весь идёт и идёт,
будто и не нуждается спать!
кОт

Ногорук

руконогий ногорук
не считает ног
не считает рук
в сизый лунный круг
входит без сапог
неземной паук
всем планетам друг
всем кометам бог
и в полночный стог
тянет сто подруг
за косу дорог
ногорукий руконог

Считалочка

Чтобы было весело
Можно и повеситься –
Сам себе в петле висишь,
Окружающих смешишь.

Чтобы было грустно
Нужно, чтобы гнусно –
Всех вокруг повесил,
Оттого не весел.

НЕколыбельная

Зато тот сон, который не приснится –
он будет самым лучшим сном.
И превратится в алую синицу
Проснувшийся янтарный гном.

Желточный цвет покроет дно ладоней,
от дна глазниц отскочит белый мяч -
и мудрые заснеженные пони
промолвят: "Тише,Тишечка, не плачь."

Затем лазурь в траве начнёт клубиться.
Над горизонтом размагничен гром.
Поспешный поворот летящей птицы
прольётся по небу нашатырём.

"АГОНИЯ". Продолжение

Под потолками шепчутся мухи.
Крысу ведут на расстрел.
Клоп осуждён на страданья и муки.
И Таракан овдовел.
Хлебные крохи стонут и воют.
Жир в сковородке застыл.
Входит на Кухню решительный воин
весом в шесть-на!-надцать кил!
Это Паук. Он пришёл не играться,
а победить на века!
И начинает по нитке спускаться
вечность идей Паука.

Зацикл битв. I

Это у них атакой называется

Самых маленьких вперёд пускают,
чтоб тяжелей было в них попадать:
идут маленькие с тяжеленными пиками,
вперёд себя пики выставили – пугают
и щекочут! а перед пиками
ещё жуки разные для страху ползут,
танки ядовитые, тараканы зубастые:
ругаются они так, что обидно совсем

Это у них атакой называется

А за маленькими – средние,
небритые, в чёрных очках

и челюстями клацают:
клёц-клоц, клёц-клоц, клёц-клоц!
Орлы у них на плечах да голуби,
клювы ядами пропитаны,
по пяти глаз над бровями,
а когти целиком в чернилах!
Средние песни поют похоронные
и свистят так, что заснуть невозможно

Это у них атакой называется

А за средними – бОльшие,
с головами телевизоров,
росту больше, чем сто!
С пистолетами и бомбами
в облаках прячутся –
и сразу туман начинается.
Идут себе большие толпой и кричат:
"Щас мы вам!!! Это не вы – нам!!!"
И плюются так, что тут же слюны по пояс

Это у них атакой называется

А за большими – еще Большенькие!
И так аж до самой Луны,
О-ё-ё!
Ещё собаки у них такие злющие,
гавкают, за штаны хватают
бешеные – но это они специально!

Это у них атакой называется

Но когда подпустим мы их близко
трубочки достанем
риса в рот наберём:
как контратакуем всё их войско!
а потом из-под шампуней флакончики
с дырочками достанем:
как контратакуем их водой –
они и разбегутся:
"да, ну вас!"
"да не будем!"
"да что это такое!?"

вот тогда мы им и скажем:
"а вы как думали?"
"щас ещё добавим!"

Зацикл битв. II

А влёт слёт пуль послал навстречу коллективу пуль от Б
Б камни покатил срезая камнепад от А
А реки рыб пролил в полпервого ночи Б
Б острым лезвием огня прошёл в заточенную бритву А
А прыгнул на слона и в сапогах за ним погнался Б
Б струны из инструментика вставил в позвоночничек А
А Князем Гор очнулся сразу и недолго мучался этим Б
Б недолго мучался но всё-таки скончался А
А всё-равно ничего у них не вышло Б

Дни рождения

Так прорастает стол из половиц,
что тут же пробивает крышу,

пересекая невесомость свыше
парящих над тарелками ключиц.

Цветёт тарелка мясом и лапшой,
свисают гроздья запахов и света -
густеет снегом и стареет Лета,
течёт себе под камень за душой.

Висит язык раскрытого окна,
стирая с подоконника помаду.
Из стульев распустились ветки сада
и тянутся к воде глазного дна.

Всё получило быстротечный рост
И, ускоряясь, год за годом
опережает срок, данный природой,
и поджигает за собою мост.

Раздулся мир – бесшумный великан:
так карлик выползает из бинокля.
И вязнет тембр стареющего вопля,
засунутый в межрёберный карман.

Память

С разбегу из зимы – в распаренную осень,
в сентябрь мизансцен, где шорох шьёт углы,
в развёрнутый ковер сухих еловых просек
под гримом остывающей золы.

В защиту первых слов, в крещенье диалога,
в созвездия ветвей, в тайносплетенье тел,

когда берёшь взаймы, не ведая подлога,
не веря в бертолетовый предел.

Там след, как смятый контур циферблата,
не тает и не ждёт, залитый сургучом;
запутывая час и день рожденья Даты,
не помнит нас и знает ни о чём.

Там жёлтый свет дожди упрячут в гривах
косматых тополей, в курганных снах листвы.
И смотрят на афиши сиротливо
все циферблаты в глубине травы.

Но сизый дождь в разводы и разливы
войдёт, по тротуарам лужами следя.
И острые колени облетевшей ивы
погладит жадная рука дождя.

Утро. Лужайка

Румяный звон балконов на заре
на стебель дома алый свет ложится
блестят росою окна в серебре
и крыш бутоны жаждут распрямиться.
Автобус рейсовый — коричневый жучок —
тропой асфальтовой несётся к остановке,
чтоб заглотить седой боровичок
и всяких прочих в разной упаковке.
А из Земли от края и до края
всходила туша красного трамвая.

* * *

Так затихает детство осторожно,
что вот уже услышать невозможно
его шаги. И маленький каблук,
порог перешагнув, теряет звук.
А там, в кошачьей глубине подвала,
забытых трупов гуттаперчивых немало.

* * *

Распаренным над огненной грозой
влететь в стопу кочующей лунницы
и маятником в свой исход стремиться,
напиться собственной слезой.

В провалы улиц, в угли городов
вплывать машиной музыки старинной
и в чёрном хлебе косточкою тмина
застыть на пару шахматных ходов.

Гербарий эпизодов собирать,
накалывать иглой сухую муху,
из лабиринта путь искать по слуху,
пока лучине время догорать.

А после, растянувшись над звездой,
согреть желток планеты тёмным телом
и небо – хрупким осторожным мелом
разрисовать, отчаявшись грозой.

Четыре времени Гриши

Весна

Давно я не бывал в Париже!
Опять весна – и мокнет снег,
с сосулек каплет мелкий смех
на темечко идущим Гришам.

Дом наблюдает из сугроба
не виден, как удар "под дых",
но Гриши зорко смотрят в оба,
подобно крабам из воды.

Интересует их рост почек,
попозже – камерный листочек,
зелёный, как экспресс на Гать:

их много, не пересчитать!
Но под плащём у Гриш, сверх прочих,
реестр, булка и печать.

Лето

Давно я не бывал в Париже!
Трещит июльский сухостой
и лучик огненной пилой
по темечку идущим Гришам.

Дом утонул в топлёном зное
не виден, как ночной таран,

но Гриши стойко ходят строем,
смуглей, чем в ванной таракан.

Интересует их крик птицы,
арбузы, пиво и пшеница,
литая, как *до нас* кровать:

но Гришам недосуг поспать –
под майками у них хранится
реестр, булка и печать.

Осень

Давно я не бывал в Париже!
По жёлтым скверам жгут мосты
и ветер высыпал листы
на темечко идущим Гришам.

Дом, обалдевший от простуды,
не виден, как в упор – микроб,
но Гриши в лужах, словно Будды
не отражаясь, морщат лоб.

Интересует их голь веток
и плавный выключатель света,
бесшумный, как умерших рать:

за этим след пронаблюдать!
И Гришам сладостней конфеты
реестр, булка и печать.

Зима

Хотя бы и куда поближе!
От белого темно в глазах
и снег, как спелая слеза,
по темечку бредущим Гришам.

Дом надоел, опух со скуки,
не виден, как второе Я:
в день абсолютного нуля
у Гриш немного стынут руки.

Интересует их взмах вьюги
и все обличья Кали-юги,
цикличной, как на срез рулет.

Проходят мимо сотни лет,
но Гришам верно служат други:
святая тройка – и сонет.

Система координат

Памяти В. Сидура

Дом — моя крепость, убережёт от резни орды и похоронного шествия.
Я затеряюсь в доме — и меня сразу шестеро.

ПЕРВЫЙ-Я забегает под кожу и бредит на осенних дорогах вены,
распевая попеременно:
в Вене — види вицы,
ойля-ойля-йля!

Позже ПЕРВЫЙ-Я раздувает мозг и зубрит сонату слуха:
первый всегда уходит через ухо.

ВТОРОЙ-Я завис над столом поимённо помнить буквы алфавита:
Агнец, Б-г, Vita...
По части имён второй дока, уверен в себе, как любой из профи —
всё остальное ему по-фиг!
Второй хвостат в профиль, но метафорической мухи не обидит:
он не уходит, поскольку не видим.

Само Державие — ТРЕТИЙ-Я: держит карандаш и ведёт черновик странный
о шести измерениях праны.
У третьего в груди сквозняк, зебра, а поперёк, в колоссальном торче
колеблется подвесной моторчик.
Третий мимикрирует торсом под маятник гибкий и вёрткий,
выдавая себя за четвёртого.

Но ЧЕТВЁРТЫЙ-Я запирается в зеркалах и плачет конвульсивным Иудой,
выкрикивая из глубины Оттуда:
йоля-йоля-йля!
Туда-сюда-обратно!
ЧЕТВЁРТЫЙ-Я вероятно следит за мной, пока других навещает беда –
четвёртый не слышим никогда.

А ПЯТЫЙ-Я знал меня дедом и щурится под прозрачными ликами:
вот он девочка, шорох, вот ещё раз старик.
Пятый кроток, как тень — крадётся рядом чёрным воином:
пятый размножается в неволе,
из его локтя выпадает ШЕСТОЙ-Я, горбун, оставляет следы известкой,
количество стен его известно,

его окна отражают воду, а на крыше шалит пропеллер
с эротичной антенной-теле.
ШЕСТОГО-Я не поймать, он уходит в землю, дуги выверяя крепость.
Я затеряюсь в шестом — надёжная крепость.

* * *

Напою коня, посажу бамбук,
сына выращу и дочь.
И пойду к Нему, и промолвлю: «Б-г,
чем ещё тебе я могу помочь?»

Умерщвлю врага, помяну друзей,
раза два женюсь или пять.
И пойду к Нему, и промолвлю: «Эй,
что ещё тебе я могу сказать?»

Раскурю кальян, перестрою плот,
часть земли с собой унесу в горсти.
И пойду к Нему, и промолвлю: «Вот,
как ещё к тебе я могу прийти.»

И услышав плач, и услышав смех,
и в глазах Его распознав печаль,
подойду тогда и промолвлю: «Эх,
что же ты молчал? Что же ты молчал!»

Репка

по фольклорным мотивам, следуя теории Коперника.

Пролог.

Сел ОН меж низом и верхом: Солнце взошло, обошло и померкло.
Гордо штаны подвязал и пальцы размял: каждый затем будет меркой.
По зеркалам раскидал двойников, по эпохам, ден.знакам и пагодам –
Дедка в позе сел в смелом возрасте, чернобровый не по годам.
Зернышко в ямку пустил, будто биту - в копейку (в "банке" сорвет единицу),
тут же поскреб языком - шершавой травинкой слово у губ проросло шеве-
литься: "Зернышко!
Жаркое к небу прильни и к лету взойди синяками,
в пламя пусти корешок, выйди на свару с жуками и сорняками,
уйди в рост, дай ростку покинуть крахмальные твои границы:
сможет когда-нибудь Огород в тебе целиком поместиться?
Зернышко! Как Милле рисовал тебя кротко, а хозяина - крепко,
возвратись по орбитам чернозема, а по небу - Репкой."

Часть 0.

ВРЕМЯ
БЕЗ ВНЕШНЕГО ВЕКТОРА
САМОГОНОМ
С ДВОЙНЫМ ОБГОНОМ
СЛОВНО ПО БЕТОНУ...
СЕМЯ
ЧАСТНОГО СЕКТОРА
МНОГОТОННО
НЕПРЕКЛОННО
ПО АГРАРНЫМ ЗАКОНАМ...

Чернобровый
в Огород
ч
е
р
е
з
г
о
д
пришел законно

Часть 1.

Дедка братался с Репкой, но непроизводителен был этот процесс:
вроде, как папа с дочкой - хотелось бы ближе, да не позволяет инцест.
Дедка с заката на Репку восходит. Обняли руки сноп белых колосьев,
предплечье-рычаг растёт, точку опоры находит ключица - рывок! Ладонь в купоросе,
мозоль сорвалась с насиженных мест и ушла, потрясенная, в эмиграцию –
дёрнет Дедка подёрнет, а следствие: не работа - дезорганизация.
Дедка считал себя, очевидно, великаном, а Репку - нерадивой пони:
тянет за хвост что есть силы, но чем дальше, тем больше не понят.
Не оседлать туловища, нашедшего рай в Земле, все напрасны усилья!
Тут Дедка подпрыгнул, подбросил себя мячиком, выискал под рубахой крылья,
взлетел, неуверенно еще и косо, сразу отмахал с испугу сотню километров,
и вернулся к Репке, не разжимая кулак, с попутным ветром.
Смотал через плечо вытянутое запястье - выкрученным бельем растянулась рука,
а Репка стоит себе якорем, как под Бородино гвардейцы Семеновского полка!
Долго вел битву Дедка, рессурсы тратя, теряя уважение к себе и силы,

если б о Бабке не вспомнил так бы и бился себе до могилы.
А вспомнил - и палец каждый, исходящий лучом из ладони, стал мерой
могущества разума над стихией природы и знаний над истовой верой.

Часть 2.

Что, Большой? По ниточке памяти выйдешь ли Бабкой?
Помощницей Дедки и верной его поцелуньей?!

Груди, как фотопленку в темном кульке, распустишь под плотной сорочкой –
пусть гладит и мажет их медом чёрным из ковша семиточий;
обнимешь восторженно, как кукольник последнего своего Пьеро,
(сладкими пальцами по спине, будто крем обнаруживает пирог),
распахнешь в ладони морщинкою каждой перспективы орбит:
как тебя на вершинах восьмёрки укачивает и знобит!

Звезда у истока ног твоих чёрная – выйди матерью-тенью,
когда обовьешь дыханием кожу зверя и почку растения.
Так, заплывая ласками бёдер белых в желания Чернобрового,
вскрикни жарко, вытянись судорогой звезды сверхновой.
Примет зернышко поле черное, полюса раздвинув томные, влажные -
что, Большой, оборотишься Бабкой? Вслед за Дедкой выйдешь отважно?
Станешь любимее папироски и коварнее Клитемнестры.
Дерни-подерни Репку! Выйдешь желанней невесты.

Часть 2а.

Внучка - дагерротип: Бабка в детстве.
Легка на подъем, наивна,
астенический тип с малолетства
и тяга к Дедке неявно.

Вместо грудей - зубы молочные,
но тоже кокетство к семени:
годы пишутся дочками,
внучками - дни рождения.

Внучка - орудие будущего:
снаряды из мальчиков-девочек,
схожие, словно булочки,
ей ещё понаделают.

Сольются в коленной чашечке
все женские параллели:
как же я тебе, Машенька,
завидую, тебя жалея.

Орбиты планет косичками
над головой закружатся –
выплывешь ты по касательной
в глубь ледяной лужицы.

В сказке другой, Алёнушка,
проснёшься сестрицей-матерью:
как же теперь тебе, Золушка,
привыкнуть ругаться матерно.

Козел твой младший брат, недоросль,
все тянет его напиться,
а ты, бедная, обрастай водорослями –
жжёт ледяная водица.

Но это в другой истории,
где Бабка злая, вороною,

где ни Библии, ни Торы и
кислоту в раны хлорную.

А сегодня - коллективное действие,
вроде очередного субботника:
Репку тянут Бабка с Дедкой,
как кишки из-под кожи кортиком.

Прилипай к Бабке теплым Мизинцем,
обхвати будущее родное, рыхлое:
эти бедра, как футбол для бразильца,
это ты через жизнь рыбою.

Внучка - точкой в системе тел.
В овощ вектор ведёт гравитации:
Дедка звёздами тускло вспотел,
приводя Огород к ампутации.

Часть 3.

Нахохлилась. Воздух озвуча,
вбегает собачка Жучка
и красный язык бифштексом
просовывает между текстом:
"Что бицепс напрасно рвёте,
на помощь меня не зовёте?!"
Обиделась, ребра подвижны,
в глаза смотрит с верой-надеждой -
и ногу подняв к изголовью,
на кустик ближайший с любовью.
А клык, как Колосс Родосский,
а рык - арией из "Тоски"

и график движений, и стать
тотчас выдают в ней знать!
Знать, видно она умна,
коль бросила в басне слона –
теперь слон висит на хвосте:
ах, сколько на ней новостей!
Репей в мутной шерсти прокис
и семечко льна, словно рис,
из уха сосной проросло –
порубим сосну на весло,
построим корабль - и в море,
и в шторм, и в ветер, и в хоре:
собаку с собой заберём,
пускай сторожит отчий дом,
пускай на цепи себе бродит
и песнь налево заводит.
Зрачки как сужаются жутко!
Вот какова она, Жучка.
Она же, как русская баба,
и спит так же бдительно - в оба,
а только проснётся - в дозор,
в учёбу, в хозяйство, в укор!
На подвиг с такой, на границу,
в ней казнь всех бедствий таится

и нет ничего от кокетки:
пожалуй, мы с ней и в разведку,
на мирные схватки труда!
Что ж, Жучка, иди-ка сюда:
задание в падеже дательном
получай, Указательный.

Часть 4.

Кто там, в сером вицмундире,
смело поднимает гири,
словно мерин на помосте?!
Не позвать ли его в гости?
У него здоровый вид,
он продажен, как бисквит.

За спиною носит ранец,
сразу видно - иностранец.
Знает Дедка их породу:
за "пятак" - в огонь и в воду.
Не до жиру - быть бы живым,
спорт у них предмет наживы.

Иностранец в русских сказках
появлялся в разных масках,
но чтоб так на вид здоровый –
прецедент почти что новый
(разве вспомнить, почем зря,
тридцать три богатыря?).

Прежде гангстер заграничный
смахивал хвостом яичко,
наше русское, крутое,
не простое - золотое,
и зажав в зубах кинжал,
в свой Чикаго убегал.

Плел там мелкие интриги,
ввел террор в надежной Лиге:

гнусен, как чужие дети –
дай лишь Сакко и Ванцетти!
Золотые их тельцы
не годятся в молодцы.

Но, покинувши свой хаус
мистер-твистер-микки-маус
в нашей сказке по сусекам
побродил - стал Человеком:
голый, как утюг, амбар
урезонил Супер Стар.

Общепит познал и голод,
знаменитый русский холод!
В общем, нашим стал наружно:
звать его Мышка-Норушка,
он нашел себе друзей -
даже есть средь них еврей.

Пусть же Дедке он поможет,
хоть противна его рожа!
Коль наметилась обновка
в между нами обстановке:
"Слышишь, Серый, не робей!
Подсоби-ка, джаз-о'кэй.

Мы за дружбу разных наций
и за негров на плантациях!
Фрэнд, гуд бай, иди сюда –
миры-миры навсегда!
Янки, гоу хоум в Бонн:
это значит - Репку вон!

Вытянем - пойдём на ужин,
поведём тогда и дружбу!
Обойдёмся без спагетти
и лягушек в винегрете:
вам от наших, от щедрот,
суп из редьки и компот.

Выкинь разные там бредни:
становись последним, Средний!
Смело в очередь за Жучкой,
брось банановую жвачку:
не допустим сей конфуз –
вытащим из тары груз!"

Часть 5.

В это время, как кристалл,
над планетой Кот летал,
заплетаясь в чёрный ветер:
глаз зелёный ищет вечер,
шерсть рассыпана картечью
и плывут буграми плечи
в сети радиоусов –
вечность бродит колесо,
колесо мгновенье бродит,
низа-верха не находит,
проседая в чёрный грот
(камерно зевает Кот).
Растворившись в "мяу" зыбком,
Кот не выдавит улыбку:
мягко лапой чёрной машет,
свой полёт узлами вяжет,

вылетая в ночь котёнком,
бронепоездом, ягнёнком,
или, помня свою небыль,
остановится вдруг небом –
костным мозгом стынут вехи,
костью пробивая веки.
Кот, как Мерилин Монро,
весь рассчитан на добро:
хвост - трубою трассы БАМа,
контур - чётче телеграммы,
но такой же ваш, как наш,
как туннель через Ла-Манш;
если взять особый ракурс –
Кот взмахнёт клешнёю рака
или вытянется шея,
автокраном хорошея.
Выворачиваясь внутрь,
Кот разматывает утро
и хребет сгибает плетью,
проседая в лунном свете:
вдоль по полости луча
тень стекает, горяча;
прорастая в стог стаканный,
преет колос Безымянный,
пахнет серой и травой –
Кот спускается домой,
воплощаясь в уши, лапы,
в кошку-маму с кошкой-папой,
грозен лик его и рыж!
Тут же Кот пугает Мышь,
Мышь кусает торс собаки –
Жучка воет, будто в драке:

зубы выпали наружу,
отразились в тёмной луже,
вынырнули без разбора
белой матрицей забора,
окружили Огород,
словно это бутерброд –
вот-вот челюсти сомкнутся,
овощи с орбит сорвутся
и земля накроет хлебом
масло солнечного неба!
Внучка ручки раскидала.
Как под током задрожала:
напряжение - на Бабку,
Бабка по супругу - бомбой!
Был прицел предельно точен –
Дедка дёрнул, что есть мочи,
по Земле круги пошли,
встали, в колесо вошли.

Эпилог.

Разлетелись пальцы от Дедки по орбитам кто куда.
Репка повисла над свежей воронкой, а над ней выгибается радуга.
Репка корни вращает и корни разворачивают сочный шар нитяной:
так становится овощ то Солнцем для Дедки, то очевидной Луной.
Дедка вниз головой кружит вокруг Репки спокойно и мечтательно,
сосёт папироску и растёт на лице его чёрная борода обязательно;
крутит сальто свободно Дедка, усмехаясь загадочно чему-то личному:
аппаратура работает нормально, настроение отличное.
А за ним по орбитам сферическим плавают вокруг Репки белой
все домашние, фотогеничные, как Гагарин, отважные и смелые!
Чтоб кружиться радостней и быстрей, притягивают локти к телу,

поджимают к подбородку колени, сохраняя режимы "термо",
вытягивают губы, образуя их, как влажную оболочку,
обволакивают губами фигуру, функции организма, жесты его и прочее.
Словно глобус, важно планирует Жучка, а Внучка что пузырь водяной,
Кот чернеет шипящим ядром, будто перед прошедшей войной,
а за ним иностранец серым шаром парит, раздутый гелием –
в дальний угол его от печки, чтоб знал, как связываться с русским гением.
С тыла у Дедки спокойно: смотрит Бабка как домостроя проходят полёты,
а сама незаметно украдкой набавляет еще обороты.
Какой русский не любит быстрой езды да полёта высокого –
разлетались Дедкины пальцы кто орлом вокруг Репки, кто соколом,
траекторией колеса то меньшего, то великанского над Огородом кружат
и овощ центростремительный им достаточно верно служит.

С О Д Е Р Ж А Н И Е

АВТОВОКЗАЛ (2011 – 2014) — 5

Сентябрьский импрессионизм — 5

Осень. Начало — 6

После памяти, после оставленных тел и потерянных дат... — 6

Возможно, всякий жест мой, слово, шаг... — 7

На горе Арарат — 8

Витрина — 9

Галатея — 10

Встреча в грядущем — 10

Незеркальные отражения — 11

а если я – чья-то мгновенная мысль... — 12

Конец июля — 13

Спасение дирижабля почти 80 лет спустя — 14

История, рассказанная утром — 15

Фантомы — 17

Терцеты — 18

У каждого свой маятник внутри... — 19

В настроении урагана — 19

Ночная птица — 20

День Отца: Ветхий Завет — 21

Ecce Homo — 21

Alter Ego	22
Лунная дорожка	23
О разлуке	24
Нефть	25
Время	26
Мысль о любой вещи всегда её задевает...	26
Трагедия	27
Теодицея	27
Теодицея II	28
Последний апрельский мерзкий дождь	29
Настоящее время	30
Весенним утром	30
Инвектива	31
Букет	32
Что-то вроде густого плюща разделяет дневной этот сон...	32
Вечный диалог	33
Мокрый февраль	33
Безразмерного солнца оранжевый круглый проём...	34
Спасение	35
Снег не сыпет с неделю...	37
Ты прости, что в последнее время приходится часто...	38
Душа	38

Душа'	39
Эммаус	40
Полярная воронка над Нью-Йорком	41
Его почти что нет, он в первой строчке...	42
Зимняя прогулка	44
После ночного бурана. I	45
После ночного бурана. II	45
"2013"	46
Утро с электробритвой	47
Цикл	49
Остановившись у балкона снежным утром	50
В пути	51
Мал человек. Верней, его предтече...	51
Новый год	52
Рождество	54
К 25-летию прибытия в Америку	56
«Подводная торпедная лодка Эйч. Эл. Ханли» с картины Конрада Чапмана (1863 год)	58
Ловля тунца в нью-джерсийском каньоне	60
Тигровая акула	62
Плодово-ягодных субтропиков...	63
Моя мама невидимка...	65

Магритт. I	69
Магритт. II	70
Восславим архитекторов колонн...	71
Сновидение	72
Последние числа	74
Вечерний концерт Бобби Макферрина в Централ Парке	75
Предпоследняя ночь июля	77
Праздник, который всегда	78
Рассказать бы о том, как какое-то время спустя...	79
Прошлое	80
Городская топонимика. 1970-е	80
Идут часы. Тотально не везёт	82
По направлению к океану	82
Семейная фотография	85
Ночное	84
Последняя дуэль русской литературы	86
До Централ Парка больше, чем квартал...	90
Если все-таки он есть	92
Монолог Гамлета	94
Вероятности	95
Зима в начале февраля...	97
Когда-нибудь, когда мне умирать...	98

Прощание	100
Общий вид крупным планом	102
Игра «Нокаут»	104
Последний ангел-хранитель	107
Убитые в Занесвилле	110
И тот – не я, и этот, и другой...	112
После лета, еще накануне зимы...	113
Эклога I. Двое в горах	114
Эклога II. Юноша и старик	115
Эклога III. Убеждение	117
Эклога IV. В пути	118
Эклога V. Покинувшие город	120
Эклога VI. Правитель и супруга	121
Эклога VII. На берегу	123
Эклога VIII. Летописец и писатель	126
Эклога IX. Первые: Она и Он	128

ЖЕЛЕЗНОДОРОЖНЫЙ ВОКЗАЛ (1994 - 2011)   131

Песня	131
Без дождя мы остались к середине июня...	131
Прогулка по Централ парку со стороны Вест-Сайда	132
Мартовские оды	133
Повелительное наклонение	135

Сослагательное наклонение	136
Плач и расстройство по зиме	137
Альтернативная радость	137
Времена года	138
Времена года: сиквел	138
Апрельские Тезисы	138
Апрельские тезисы I	138
Апрельские тезисы II	139
Апрельские тезисы III	141
Апрельские тезисы IV	141
Апрельские тезисы V	142
Апрельские тезисы VI	143
Апрельские тезисы VII	144
Апрельские тезисы с пятнадцатью эпиграфами	146

АЭРОПОРТ (1989 -1993) — 151

Конец эпохи	151
Цикличность	151
Хорошо в Нью-Йорке	152
Ни в коем случае не о Нью-Йорке	154
West Side после ночи	154
Пустая квартира на Манхэттене	156
Остров	157

Хандра в Нью-Йорке	158
Приветливость	159
Песня без музыки	160
Круговорот	161
Маниа-кальность	162
Реплика	163
Беременность	163
Невыносимость	165
Описание трагедии	165
Баллада о пограничниках	167
Предупреждение Мастера	170
Поднадоевший отпуск	170
Брайтон-бич. Пляж	171
Основоположность	174
Американская литература	176
Американские композиторы	177
Русские в Нью-Йорке	178
Закон Менделя. Генетика	179
Осязаемость	181
РЕЧНОЙ ВОКЗАЛ (1983 - 1988)	**182**
Автобиографическое	182
Биографическое	184

Кот	184
Ногорук	185
Считалочка	186
НЕколыбельная	186
"АГОНИЯ". Продолжение	187
Зацикл битв. I	187
Зацикл битв. II	189
Дни рождения	189
Память	190
Утро. Лужайка	191
Так затихает детство осторожно...	192
Распаренным над огненной грозой...	192
Четыре времени Гриши	193
Система координат	195
Репка	198

Геннадий Кацов – журналист, литератор, один из создателей легендарного московского клуба «Поэзия» (1986) и участник литературной группы «Эпсилон-Салон» (1984).

С 1989 года живёт в Нью-Йорке. Вернулся к поэтической деятельности после 18-летнего перерыва в 2011 году.

Автор шести книг, включая экфрастический поэтический проект «Словосфера» (2011-2013), в который вошли 180 поэтических текстов-медитаций, инспирированных шедеврами мирового изобразительного искусства, от Треченто до наших дней.

Поэтический сборник «Меж потолком и полом» вошёл в лонг-лист «Русской Премии» по итогам 2013 года. В 2014 году поэтическая подборка Геннадия Кацова вошла в шорт-лист Волошинского конкурса.

Публикации в «Митином журнале», журналах «Окно», «Крещатик», «Слово/Word», «Новый журнал», «Интерпоэзия», «Гвидеон», Cimarron Review, «Время и место», «Дружба народов», «День и Ночь» и др. Является одним из создателей международного геопоэтического проекта «НАШКРЫМ».

Литературно-художественное издание

Геннадий КАЦОВ
25 ЛЕТ С ПРАВОМ ПЕРЕПИСКИ
Стихи

Редактор – Евгений Степанов
Компьютерная верстка, макет – KRiK Enterprises Inc.
Иллюстрация для обложки – Слава Полищук и Ася Додина
Дизайн обложки – Рика Кацова

ISBN 978-5-91865-323-4

Бумага офсетная.
Гарнитура Arial Narrow
Тираж 1500 экземпляров
Сдано в набор 10.11.2014
Подписано в печать 30.11.2014

Издательство «Вест-Консалтинг»
109378, г. Москва, Есенинский бульвар,
д. 1/26, корп. 1, офис 34. Тел.: (495) 978-62-75

www.ingramcontent.com/pod-product-compliance
Lightning Source LLC
Chambersburg PA
CBHW070143100426
42743CB00013B/2811